改变孩子先改变妈妈

中国妈妈在教子中急需改变的十个方面

■ 江波◎著

中国发展出版社
CHINA DEVELOPMENT PRESS

图书在版编目（CIP）数据

改变孩子先改变妈妈：中国妈妈在教子中急需改变的十个方面 /
江波著. —北京：中国发展出版社，2015.5

ISBN 978-7-5177-0088-3

Ⅰ.①改… Ⅱ.①江… Ⅲ.①家庭教育—经验—中国 Ⅳ.①G78

中国版本图书馆CIP数据核字（2015）第022486号

书　　　名：改变孩子先改变妈妈：中国妈妈在教子中急需改变的十个方面
著作责任者：江　波
出 版 发 行：中国发展出版社
　　　　　　（北京市西城区百万庄大街16号8层　100037）
标 准 书 号：ISBN 978-7-5177-0088-3
经 销 者：各地新华书店
印 刷 者：三河市东方印刷有限公司
开　　　本：720mm×960mm　1/16
印　　　张：16
字　　　数：215千字
版　　　次：2015年5月第1版
印　　　次：2015年5月第1次印刷
定　　　价：35.00元

联 系 电 话：（010）68990625　68990692
购 书 热 线：（010）68990682　68990686
网 络 订 购：http://zgfzcbs.tmall.com//
网 购 电 话：（010）88333349　68990639
本 社 网 址：http://www.develpress.com.cn
电 子 邮 件：lijian2025@163.com

美国著名心理学家马文·马歇尔曾说过这样一句话："当我们种下的花没有我们预期的长得那么好时，我们不会怪花，而是从自己的种植等方面寻找原因。可是，当我们的孩子犯错时，我们却总是责怪他们，而且夹杂着批评、辱骂。"

无独有偶，中国著名家庭教育专家周弘也发出了同样的感慨。他说："庄稼长势不好，农民从不责怪庄稼，而是在自己的种植方法上找原因。可孩子犯错或没考好时，家长却总是抱怨孩子，有几个家长能从自己身上找原因呢？"

这两段话引起了我的深思，看来无论是西方人还是东方人，在孩子犯错后都有责怪孩子的共同特点，这也是人类对待孩子的共同特点，也可以说是人性的弱点吧。

可喜的是，随着现代家庭教育观念的普及深入，中国许多新一代知识女性已经普遍认识到，没有教不好的孩子，只有不会教的父母，孩子犯错及一些不良行为屡教不改，有相当成分是由于父母教子方式不当所造成的，妈妈只有首先改变自己才能改变孩子。

那么新一代的中国妈妈是不是只要认识到这些就够了呢？

我认识一位妈妈，儿子上三年级时很是多事，不是今天将别人的晾台玻璃打碎，就是明天和班里同学打架，还偷同学的自动铅笔，说同学的自动铅好看。妈妈被老师请到学校回来后，对儿子大吼大叫，而儿子虽然闷不作声，可却是一脸不在乎的样子，挨训完便扭头进了自己的房间。

　　这小子怎么变成了这样？再这样下去非变成街头混混不可，这该如何是好？男孩妈妈开始反思。她发现自己最近一段时间经常斥责甚至吼叫孩子，现在不是提倡赏识教育吗，这怎么行？这样只会让儿子的抵触情绪越来越大。于是这位妈妈走进儿子房间，态度温和地对儿子说："妈妈态度不好，刚才又训斥你了，对不起，请你原谅。"

　　儿子听到妈妈向他道歉，表情也缓和了许多，点点头。

　　"妈妈也知道用这种态度对待孩子不对，可妈妈也是没办法啊！你最近老是在外面惹是生非，又不听爸爸妈妈的劝告，今天又偷东西。嗨，一支笔又能值几个钱，喜欢了，需要了，向爸爸妈妈要钱买一支就是了，何必要背这个恶名呢？你想过没有，你要是懂事听话，我高兴还来不及，又怎么会发脾气呢？"

　　听到这里，儿子的眉头又皱了起来。

　　我听完男孩妈妈的讲述后，指出她能够认识到自己有问题并及时改正是一个进步，但这样的反省和道歉没有多少实际意义。因为只是大体上认识到了自己管教孩子的方式有问题，可并不知道具体在哪些方面有问题。

　　我班上一位女生的妈妈喜欢唠叨个没完，女儿上初中后对妈妈的唠叨越来越反感，经常是妈妈在这边说，女儿在那边捂住双耳，有时干脆躲进自己的房间。

　　女生妈妈也认识到了唠叨孩子不对，这样会引起孩子的反感，并突发奇想想了一个办法——让女儿来监督自己，以帮助自己改掉唠叨的坏习惯。她与女儿约定，要是同一件事唠叨两遍就口头提出警告，要是还唠叨就刮一下鼻子。如果超过三遍，就罚款10元，给女儿买好吃的。

　　女儿听了妈妈的建议后，非常开心，与妈妈的关系也开始缓和。虽然女生妈妈有时还是忍不住唠叨，可的确有所收敛。

　　这位女生妈妈显然比男孩妈妈开明及进步多了，有了改变自己行为的具体措施。可她的问题还是自我反省的深度不够，没有把深层原因挖出来，不知道具体该从哪些方面深层次改变自己，自然也就不可能从根本上解决问题，只是在行为上做了一些自我约束罢了。

许多新一代的中国妈妈也曾尝试着改变自己。可由于方法不对头，发现孩子更任性了，更无法无天了，许多事情根本讲不通，又纷纷回到了管教孩子的老路上。许多妈妈因此在我面前抱怨道："我已经努力，尝试着改变自己，用新的方式来对待孩子，可收效甚微，孩子还是老样子，真不知道该如何是好……"

我听完后只有苦笑，因为我知道她们只是从表层上做了一些改变，还不知道具体该从哪些方面做深层次的改变，自然收效甚微。我于是便萌生了要写一本这方面书的想法，以指导新一代中国妈妈从十个方面改变自己，帮助她们"脱胎换骨"，从而让自己的孩子也同样变得听话懂事又能干。

江 波

2014年12月31日

目录 |Contents

方面三
妈妈应理解和尊重孩子的行为

方面四
妈妈应学会倾听孩子讲话

方面八
妈妈应这样让孩子改错归正

方面九
妈妈应这样对孩子说"不"

妈妈要学会尊重孩子的心理需求

"要像尊重上帝一样尊重孩子"，这是捷克教育家夸美纽斯的一句名言。

现代教育的前提是彻底放开束缚孩子手脚和灵魂的绳索，不仅要尊重孩子的物质需求，更重要的是还要尊重孩子健康的心理需求，然后顺着孩子的自然天性，在孩子自由发展的过程中一步一步引导孩子走向成熟。

妈妈只有懂得尊重孩子的心理需求，才知道孩子的哪些想法和行为是应该给予肯定和满足的，从而充分调动孩子的主动性把事情做好，也才知道孩子的哪些思维行为还不成熟，需要妈妈给予相对的理解。

可在现实中，许多中国妈妈普遍都还没有认识到这些，也不知道该如何尊重孩子的各种心理需求，结果纷纷被绊倒在了这第一道坎上，人仰马翻。

一、您的孩子并不是您的孩子

　　铃木镇一是一位世界知名的日本儿童小提琴教育家，他用神奇的教育方法培养出了700多个莫扎特式的小提琴神童，令全世界为之轰动，他的追随者仅美国就有200多万。他在联合国大会上建议："把全世界的扩军国策变为育儿国策，让最优秀的科学家不是去研制毁灭人类的武器，而是用来教育孩子。从0岁开始，30年后，我们这个世界就是一个全新的世界。"

　　他认为这是一场文质彬彬的革命，没有战争，没有饥饿，没有苦难。

　　铃木经常给日本的母亲们做家教报告，他把日本的母亲称为"半狼母亲"。他认为从物质生活和生理需求上，日本母亲是天底下最好的母亲，她们为了孩子节衣缩食，为了孩子的前程可以献出一切。可在孩子的心理需求上，她们是"狼"，两眼一抹黑，根本就不知道孩子需要什么。他举了大量的"半狼母亲"的教子事例，说得一个个日本母亲泪流满面。日本妇女研究会会长含着眼泪对他说："铃木先生，我们这些'半狼'母亲该反思了！"

　　其实，在中国这样的"半狼母亲"也不少。在武汉有一位母亲，对儿子的期望值很高，在家里总是板着面孔，居高临下，指使命令孩子做这做那，这样做那样做。儿子稍有不从，轻则斥责、吼叫，重则挥手打骂。有一次儿子玩过了头忘了写作业，她劈头盖脸把儿子身上打得青一块紫一块。为了让儿子好好学习，她不许孩子玩，不许孩子看电视，不许这个，不许那个……

结果妈妈越是管教，孩子越不自觉，朝着相反的方向下滑的速度越快，撒谎、抽烟、逃学，而且还越来越逆反："有本事你把我打死算了！"

不仅如此，孩子的心理也出了问题，晚上喜欢穿女性内衣睡觉。母亲发现后不仅没有认识到问题的严重性，还要挟儿子："你要是不好好学习，小心我就把你的丑事张扬出去！"

一天，儿子问她："你知道我整天在想什么吗？"她以为儿子一定会感念她的辛苦操劳，下决心好好学习，为她争光。出乎她意料的是，儿子却说："不对，我在想将来长大后怎么把你杀掉！"

这位母亲还以为这是儿子在跟她开玩笑。不久，悲剧便发生了。一天下班回家，她发现儿子又在看电视，气急败坏地冲进儿子的房间，翻出女性内衣，嚷嚷着要把丑事公之于众。儿子冲进厨房，挥着菜刀冲了上来，将母亲活活砍死。

看守所里，记者问他："妈妈平时对你怎么样？"

他哭诉道："在生活上，没有比我妈妈更好的母亲，她不知为我吃了多少苦。可在精神上，她根本不知道我需要什么。"

许多中国妈妈在看到这则教子事例后，内心深处受到了极大的震撼。它告诉妈妈们不仅在生活上要给孩子以关心，尊重孩子合理的物质需求，同时还要懂得在精神上给孩子以关心，尊重孩子健康的心理需求。

要尊重孩子的自然天性。兴趣是最好的老师，尊重孩子的自然天性，其实就是顺应孩子的天然的兴趣，这样孩子做起事才会自觉自愿，劲头十足，才会尽力把事情做得更好，孩子的行为能力才能逐步地成熟起来。

那为什么许多妈妈都是"半狼母亲"，只是知道在生活上，在吃穿住行等物质供给上尽可能尊重孩子的需求，却不知道尊重孩子的心理需求呢？

这就像天旱了要给庄稼浇水，叶子黄了要给庄稼施肥一样，是每个人都能直观地感受及认识到的，自然就会得到普遍尊重。而心理需求却是看不见摸不着的，加上许多妈妈普遍还没有认识到尊重孩子心理需求的重要性，这样就很容易忽视、轻视。

那么，尊重孩子的心理需求，首先要尊重的应该是什么呢？

在西方教育中，首先是把孩子当成一个独立的生命个体来对待。他们有自己的需求、想法及思维行为逻辑，从生命体诞生之日起，就渴望得到他人的尊重。其实，不要说一个人，就是一只猫一条狗也是如此，这是每一个生命个体的共性。所以许多西方妈妈不仅对待孩子如此，对待每一个生命个体也都如此，就连家里养的小猫小狗也是如此，就像对待孩子一样，给予独立人格的尊重。在西方影视中经常可以看到一家人和宠物像朋友一样平等相处的情景。

黎巴嫩诗人纪伯伦有一首诗："您的孩子并不是您的孩子，他们是生命之火的儿女；他们通过您来到人世，却不是您的化身；他们整天和您生活在一起，但并不属于您。"

而在中国家庭常常却是另外一番景象。他们往往把宠物当玩物，当成工具使唤。对待孩子也是一样，宠的时候宠上天，做起事来妈妈却往往以家长自居，就像是使唤奴才一样指使命令孩子。

为什么会这样？

首先是因为在许多中国妈妈的头脑中普遍还没有尊重孩子独立人格的意识。这样妈妈在不知不觉中就会把孩子当成自己附属品、私有财产，任由自己来摆布。

其次，是传统管教孩子的意识在作怪。认为自己是一家之长，孩子是我生的，是我养的，吃我的，喝我的，就应该由我管，听我的，天经地义，古来如此，有什么不对？于是她们便用管教的方式对待孩子，对待万事万物，即便对待家中的小动物也是如此。

再者，是中国妈妈普遍还没有认识到尊重孩子独立人格的至关重要性，其重要性体现在三方面。

一则，它能使妈妈与孩子的沟通渠道畅通，无话不谈。

要是妈妈用管教的方式，高高在上，孩子低低在下，就像一个站在山头上，一个站在山脚下，距离一下子就拉大了，给沟通人为地造成了巨大的障碍，导致许多中国妈妈与孩子虽血脉相通，却思想不通，语言不通。

有时妈妈想了解孩子的情况，就像领导给下属发话似的："来，女儿过来，给妈妈汇报汇报最近的学习情况，考试考得怎么样？"此时孩子常常是战战兢兢，生怕说漏了嘴，让妈妈知道自己的错事，挨训挨收拾。结果妈妈想听的听不到，孩子想说的又不敢说，有意见不敢提，许多问题不能得到及时解决，甚至酿成严重祸患。这种情况在中国家庭非常普遍。

二则，会使孩子的独立人格健康成长，成长为一个自觉独立的人。

要是妈妈用传统管教方式，在长时间的压制下不仅孩子不自觉，还会导致孩子的人格变异，或者变成只会应声附和没有独立人格的"奴才"，或者变成逆反心理极强的"小暴君"，极力反抗家长的权威。

三则，可以使妈妈与孩子和睦相处，加深亲情关系。

要是孩子的独立人格得不到尊重，必然会产生抵触情绪，听不进去妈妈说的话，不仅不自觉，还容易对着干，时间久了积怨越来越深，从而严重损害及威胁到亲子关系，尤其是到了青春期，两代人的战争不可避免地就会爆发。

上述武汉的那位"半狼母亲"要是能多少认识到这些，多尊重一些孩子的心理需求，就不会发生那样的人间惨剧。

妈妈只有把孩子当成一个独立的生命个体去看待，从内心深处放下家长的架子，并充分认识到尊重孩子独立人格的至关重要性，才能从内心深处真正地做到与孩子平等相待。这也是妈妈培养自觉懂事又能干的孩子的起点。

二、像英国妈妈那样跟孩子说话

那么是不是妈妈在内心深处做到与孩子平等相待就够了呢？这当然是远远不够的。

一位学者到英国访问学习期间，有一件事给她留下了深刻的印象。一个周末，一对年轻的英国夫妇请她吃饭，三岁的女儿吃完后要到草坪上去玩，年轻的英国妈妈连忙蹲下来跟女儿说话，当时学者还以为这是这位英国妈妈特有的教育方式。

又一个周末，一位英国女教师又请校友一同游玩，女教师五岁的儿子因哥哥抢先上了车而噘着小嘴，不肯上车。女教师在车门口蹲下，双手握住儿子的小手，面对面看着孩子蓝色的眼睛，用商量的口气说道："上车总有先后，这次哥哥在先，下次你在前，没什么大不了的，对吗？"儿子想想了，点点头便上了汽车坐在哥哥身边。

第二天，英国女教师又带学者一起到公园去玩，小哥俩在湖边戏水时，五岁的儿子被石头绊倒，正咧着嘴要哭时，女教师又很自然地蹲下来跟儿子说："你已经是小男子汉了，摔一跤爬起来就是了，对吗？"儿子立即收住眼泪，又和哥哥去玩了。

英国女教师告诉学者，在她小的时候妈妈也是这样跟她说话的。因为在她们眼里孩子也是人，也是独立的人，只是身高比妈妈矮许多。

为什么英国妈妈大都习惯于蹲下来跟孩子说话呢？

这是由于妈妈与孩子在身高上存在着巨大的差距，当妈妈蹲下来与孩子交流时，才会与孩子一般高，这样不仅在内心深处与孩子平等相待，在身体上也会与孩子平等相待，给孩子以尊重。只有这样才能改变孩子孩子仰望妈妈下巴，妈妈俯视孩子小脑袋瓜说话的不平等局面，这自然也是孩子更乐意接受的。否则虽然在内心深处已经与孩子平等相待，可在身体上，在物理空间上还会居高临下，就会给孩子以强烈的不平等感，造成一股强大的要管教孩子的气场，为沟通造成障碍。这就是西方妈妈普遍都蹲下来与幼小的孩子交流的奥秘之所在。

邵蓉是我的一个学妹，在中学教书，通过交流她发现爱人在与孩子沟通中就存在这一问题。她的儿子大志喜欢和楼下的小李叔叔说话，有什么心里话都跟他说，就连她跟爱人拌嘴的事都跟他说，有一段时间见着他的爸爸却躲躲闪闪，无话可说。现在看来，原因在于楼下的小王叔叔跟大志说话的时候总是蹲下身来与孩子一般高，这样大志就会有一种被尊重感，就愿意鼓着小尖嘴扬着小尖下巴跟他说。而他的爸爸却总是站着跟他说话，这样就造成压力，父与子两代人的距离就这么在不知不觉中拉开了。

三、放下身段与孩子一起玩

就像许多小孩子一样，雪儿在面对是更喜欢妈妈还是更喜欢爸爸的问题时，她通常会回答"都喜欢"，而私下里她却会趴在爸爸的耳朵旁悄悄地告诉他："其实我更喜欢你。"

"为什么？"

"因为爸爸经常跟我一起玩。"

小孩子不装假，有时在妈妈跟前也难掩自己的羡慕之情："你看慧慧妈妈多有意思，同学们一起到她家玩游戏，她妈妈扮演馋嘴猫，尽偷好吃的……"

雪儿妈妈孙菊是报社编辑，有一次跟我谈起此事。我告诉她，妈妈放下身段做孩子的小伙伴，不仅能更好地与孩子平等相待，是对孩子独立人格的极大尊重，同时又可以满足孩子好玩的天性，对每一个孩子来说自然是求之不得的。尤其现在城市都是独生子女家庭，孩子就更需要伙伴了。

可对孙菊来说要想做到这一步并不容易，因为她的妈妈都比较传统，在孩子面前总是一本正经的，受妈妈的影响她在女儿面前总是有点拉不下面子，放不开。

我又说，只要认识到了自己的问题，只要想去做，就没有克服不了的心理障碍。

她开始注意放下身段跟女儿玩，一起做游戏，渐渐地便进入到了角色之中，连她自己也不知道怎么回事，就开始和女儿一起说，一起笑，一起唱，一起要贫嘴，还一起打闹，一起翻跟头撒娇：妈呀，我怎么变得没大没小和女儿一般大了。

不仅如此，孙菊还做女儿的读友，雪儿喜欢看的漫画书、故事书、小学生作文，她也要看一遍，然后便与雪儿聊故事情节，聊读后感，这样她与雪儿不仅有共同语言，还可在这一过程中启发引导雪儿。《哈利·波特》电影一上映，雪儿就去书店买来了J. K·罗琳的系列小说来看，非常爱看。骨子里孙菊是讨厌这些魔法书的，从来不看，可为了成为女儿的读友，她还是硬着头皮把每一本书都看了。孙菊就这么变成了女儿的小伙伴、知心朋友，女儿有什么心里话都悄悄地跟她说。这就是放下身段做孩子的小伙伴的收获。

这一尊重孩子心理需求的方法邵蓉也认识到了。她和爱人平时也非常注意放下身段做孩子的小伙伴，与孩子一起玩，一起做游戏，在玩的过程中他们也把自己当成小家伙。有一次他们陪儿子大志在家里玩捉迷藏，其实他们根据脚步声已经知道大志藏在哪了，可他们心照不宣地故意朝相反方向去找，厨房、卫生间、大屋、小屋、阳台，到最后还是没有找到。

"啊！我赢了！"大志从壁柜推门而出，然后将爸爸扑倒在床上，一起打闹，尖笑，"爸爸，我现在不怕你了……"

随着大志年龄的一年年长大，他们和孩子的关系也在发生着微妙的变化。

读高中时，有一次乘出租车，司机操着当地方言笑道："要是不照面，光听你们说话，还以为你们是姐弟、哥俩呢！"

大志以优异的成绩考入北大，有亲戚来取经，大志爸爸一语道出真经——"和儿子结拜兄弟！"

但没有人相信他说的话。也难怪，像美国那样没有传统观念的国家，接纳两代人之间应建立朋友关系的观念，还用了100年的时间。

四、别把孩子当小孩

付彩霞是大学讲师，爱人有一次到上海出差，临别时嘱咐她照顾好儿子亮亮，她自然是满口答应。这下可好，亮亮什么都要让妈妈照顾，起床后被子要让妈妈叠，牙膏要让妈妈挤，洗脸水要让妈妈倒，早饭要让妈妈端，大便后竟然还要等着妈妈来擦屁股。哎，这些事亮亮不是以前都自己做的吗，怎么突然变得不自觉了呢？

"爸爸不是说了，让您好好照顾我吗？我是小孩子当然需要大人照顾了。"亮亮眨巴着大眼睛扬起尖下巴说道。

由于孩子相比于妈妈身体本来就弱小，这样很容易就会失去独立的人格，把自己当弱者对待，依附妈妈。要是妈妈再以家长自居，把孩子当弱小来照顾，就会进一步加剧孩子的这一心理，本来能做的事情也要依靠妈妈，变得不自觉。这将会严重损伤孩子的独立人格。

那么又该如何解决这一问题呢？两个字：放手。

妈妈不仅要尊重孩子的独立人格，与孩子平等相待，同时为了让孩子的内心逐渐强大起来，妈妈不要在孩子面前表现得太强，妈妈太强，孩子就会相对太弱，这样孩子慢慢就会失去独立人格。要是反过来，妈妈表现得弱一些，这样孩子内心就会渐渐地强大起来，就会产生自尊，独立的人格也就会逐步树立起来，做起事来也会变得自觉起来。

付彩霞与我讨论认识到这一点后，每次带亮亮出去买东西都会对他说：

"哎呀，这些东西太重了，妈妈到底是女人，拎不动，你这个小男子汉能帮妈妈把这包东西提上吗？"

有时，她会说："哎呀，今天下班迟了，妈妈要做饭忙不过来，亮亮能不能帮妈妈倒垃圾？"

每次亮亮都男子汉气十足自觉地答应妈妈的请求。不仅如此，以后不用妈妈说，他就会主动帮妈妈去做。

爱人也一改往日之风，每次出差都嘱咐亮亮："咱们家就两个男子汉，我这个男子汉不在家时，你这个男子汉可要帮爸爸照顾好妈妈哟。"亮亮也一反常态，由过去的被照顾者变成了负责任的男子汉，晚上临睡前检查门是否已经关好，早上不仅自己把床叠得整整齐齐，自己刷牙洗脸，还替妈妈端早餐。

在学习上，付彩霞和爱人始终把自己摆在参谋、助手的位置上，真正地让孩子唱主角。结果，他们"参谋"当得得力，亮亮的"主角"也演得投入，学习起来越来越自觉，考绩成绩经常呱呱叫。

不仅如此，她还将这一方法传授给了姐姐，姐姐也开始注意用这种方式培养女儿的独立人格。女儿九岁时，有一次到奶奶家陪奶奶去买菜，临出门，她嘱咐女儿："奶奶老了，你现在是大姑娘了，要注意照顾好奶奶。"

那天回家后，奶奶美滋滋地跟她说："我这孙女真没白疼，出门就拉着我的手，过马路让我小心，下天桥的时候让我慢点。买了菜，大包小包抢着帮我提……"

五、凡事最好与孩子这样商量

趁周末，同事小赵想把屋子好好清扫一下，手忙脚乱。儿子圆圆正在客厅的茶几上折纸船，"圆圆，去到厨房把妈妈的围裙拿来，快点。"小赵指使道。

"你没看我正在做老师布置的手工作业吗？"儿子一脸不快地回绝道。

小赵没说什么，自己进厨房拿围裙，开始擦桌子。过了一会儿她又指使圆圆给她到厨房接盆水，说她要擦玻璃。圆圆装着没听见。她一连说了三遍，儿子全当成耳旁风，这下小赵火了，一把将茶几上的纸船胡噜到地上，责令儿子马上给她去接水："你怎么这么不自觉，已经喊了你多少遍，连动都不动一下！"

儿子突然变得像小毛驴似地犟道："我今天就是不自觉！"随后眼含泪水一头扎进了自己的小屋，把门反锁上，哭道："就知道指使人，自己又不是没长手。最近总是这样，我已经快受不了了……"

小赵此时已全无心思再收拾屋子了，便解下围裙到楼下坐在花园的石凳上给我打电话。

我给她讲了这样一个故事：有一个上高中的儿子顶撞母亲，母亲气得半死，这是典型的青春期遭遇更年期，儿子无法忍受母亲的唠叨，而母亲又无法忍受儿子的大不敬。这给父亲出一大难题。他约儿子一起出去散步，两人走了好久，父亲一言不发，儿子很纳闷，一直到家门口时，父亲才拍拍儿子的肩膀，用哥们儿对哥们儿的口气说了一句："等一下进去时，给我的女人一点面子好吗？"

儿子惊讶于父亲用这样的口气跟他说话，并同时有一种被尊重的感觉，一股暖流从心中油然而生，儿子连忙点点头，意思是你放心。从此以后他对更年期的母亲是毕恭毕敬。

这位可敬的父亲本来可以指手画脚地把儿子训斥一顿，或者讲一大堆大道理，可他没有这么做，而是用平等协商的口气跟儿子说话，使儿子深受感动，很快就心悦诚服地接受了父亲的建议并转化为自觉的行动。

其实早在20世纪30年代大文豪鲁迅就提出长辈应放下家长的架子，什么事情都与孩子平等协商，而不是对孩子呼来唤去，这样培养出来的孩子才听话懂事。

小赵认识到自己的问题后，便开始注意，凡事只要与孩子有关都尽量与孩子协商。在与爱人磋商后，她还把这定为与孩子交流的一条准则。

比如以前"圆圆把我的眼镜拿来！"，现在变成了："圆圆能给妈妈帮个忙，把眼镜拿一下吗？"

有一次圆圆在小区广场上玩，把一个小女孩的氢气球抢到了手，小女孩被吓哭了。换成以前，小赵肯定会斥责儿子，现在她会用商量的口气跟儿子说道："我知道你并不喜欢氢气球，只是在跟妹妹开玩笑。可是小妹妹现在吓哭了，你看该怎么办？"圆圆把手中的气球又归还给了小女孩并道歉。

又比如以前："下午不许出去玩！"现在变成了："圆圆，妈妈想跟你商量一下，到底是先写完作业出去玩好呢，还是玩完了再写作业好？"

在不知不觉中儿子与妈妈顶嘴的事情也少了，变得越来越自觉，越来越懂事。

如周末小赵想带圆圆到县城看望姥姥姥爷，便和圆圆商量，问他是不是愿意陪妈妈一起去。

"哎呀妈呀，你怎么不早说，我已经跟小明他们约好了，周末一起到学校打乒乓球，这该如何是好？"

"都怪妈妈粗心，没有提前两天跟你商量。这样吧，不行就改在下一周你看怎么样？"

"其实我也想看看姥姥姥爷，这样吧，我跟小明打个电话商量一下，看能不能改个时间打球。"

结果圆圆不久便和小明商量通了，改成下周到学校打乒乓球，小赵如愿以偿。

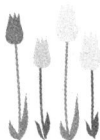

六、别像林顿照顾主人那样照顾孩子

办公室几个同事正在闲聊，小米说，最近一段时间她女儿得了一种怪病，每到周末早晨要上钢琴课时就捂着肚子说肚子疼。她想可能是昨晚什么东西吃的不合适，便带女儿到医院检查。可检查下来什么毛病都没有，回到家里又看电视，又吃零食，没事人似的。可下周、下下周又如此，直到有一天她看了女儿的日记才明白是怎么回事。

女儿在日记中写道："我好累啊。每到周末本想好好睡个大懒觉，然后好好看看电视，玩两天。可妈妈又要让我上钢琴班、书法班，我不想去，可妈妈说这都是是为了我将来好，我也不好说什么。每当看到别的孩子无忧无虑地玩耍，真是羡慕得要死。装病骗妈妈，我知道不对，可我也没办法。"

"你的女儿这还算是客气的。我们邻居女儿比你们女儿高一级，家里挺有钱的，爸爸看朋友家的孩子钢琴弹得好，花大价钱也给女儿买了架钢琴，要求女儿学钢琴。女儿本来就对这东西没兴趣，加上功课有些吃紧，导致钢琴没学好，学习成绩又下降。有一天发狠道：'你们以后要是再逼着我学钢琴，我就把钢琴给你烧了！'这下两口子才老实了。"杨老师接话说道。

在一旁的付彩霞心想，这个问题在她儿子身上也有，只不过还没有发展到这种程度。为了让儿子学钢琴，像郎朗一样也弹一手好钢琴，她不仅给孩子买了钢琴，还请了老师，可儿子不喜欢，每当钢琴老师来家上课时，他就躲起来跟老师捉迷藏，有一次还用纤维袋从头套到脚躲在阳台上，让一家人找了半天。

"那么这个问题到底出在孩子身上,还是出在父母身上呢?"

我明确地告诉她,问题肯定出在父母身上。父母把自己的要求强加到孩子身上,也不征求孩子的意见,自己认为学钢琴好,可以陶冶孩子的情操,就要求孩子学钢琴,也不问孩子有没有兴趣。

随后我给她讲了这样一则故事。一个英国家庭有两个仆人,一个叫乔治,负责主人的饮食,一个叫林顿,负责书房、卧室,两人都对主人忠心耿耿,可两人照顾主人的方式截然不同。乔治非常了解主人的口味和用餐习惯,从不擅自替主人做主,每次用餐都静静地站在一旁,事情做完后就悄悄离开,每当主人有招呼就立即出现在主人面前。而林顿为了更好地照顾主人常常自己做主,把主人的用具、书放到他认为最合适的地方,还不停地提示主人什么时间该做什么,有时主人在书房里想静静地看会书,他却不停进来问主人还有什么需要。结果不久,主人便辞退了林顿。林顿委屈道:"我对主人那么好,他怎么能那么没肝没肺呢?"

"许多父母都在用林顿照顾主人的方式擅自替孩子做主,结果弄得父母与孩子都不愉快,两败俱伤。"

付彩霞认识到自己的问题后,回到家后便和爱人商量以后不再让儿子学钢琴了。虽然学费已交,崭新的钢琴又要折价转让,可相比于把父母的要求强加到孩子身上给孩子所造成的伤害,损失几个钱又能算什么,这就全当父母在教育孩子中所交的学费。

从此以后,只要是与孩子有关的事都尽量让孩子做主。如在选择读物的时候,都是让孩子根据自己的兴趣爱好进行,他们顶多是提供一些参考意见,但最终的决定权全在孩子手上。不像有些父母认为看名著有价值就硬要让孩子看名著。

在给孩子买东西的时候她也从不擅自做主。如买玩具、买衣服的时候都要把孩子带上,让孩子自己挑选,她也顶多是提供一些参考意见,决定权最终都交到孩子手上。

亮亮考大学，她和爱人希望他报考金融专业，因为金融无论在国内还是国际都是热门专业，都是首屈一指的高收入行业，儿子品学兼优报考北大金融系没有任何问题。而亮亮的兴趣和志向却不在这里，由于从小对生物、昆虫有兴趣的原因，坚持要学生物。最终他们还是决定尊重孩子的选择，让孩子自己做主，报了清华生物工程系。

付彩霞就是在孩子的事尽量让孩子做主的大方针指导下，一步步把儿子培养成了出类拔萃的好孩子。不仅如此，由于她事事尊重孩子的自主需求，孩子的成长过程也相对较为平稳，多事而又风雨激荡的青春期显得格外风平浪静，感觉就没有什么青春期逆反。

七、教育家陈鹤琴的忠告

小刘三岁的女儿巧巧，别看小小年纪许多事情非要自己动手完成，要是妈妈替她完成了，她会哭闹着要求重来，而且不依不饶。哎，这丫头怎么不知好歹？时间长了小刘有些事情也只能依着她。比如，她要打开一瓶饮料，就要求妈妈开到只剩下最后一圈，剩下的就要由她来亲自完成。要是妈妈不小心拧过头了，拧开了，巧巧就会大哭大闹，要求再拿一瓶重新打开。

张洁是一名医生，是我住院时认识的，儿子小强两岁时就什么事情都要自己来，当她要伸手相助时他常常不是推就是搡，一脸不高兴。

平时衣服都是张洁给儿子穿，有一天早上，小强却要自己穿。他吭哧了半天连一件线衣也套不上，瓜子脸涨得通红，脑门上已经出汗，张洁几次想搭手都被小强推开，嘴里还嚷嚷着"不要，不要！"，就像小犟驴。线衣终于穿上了，小强又要自己穿衣服，纽扣七上八下都错了位，弄得张洁又好气又好笑。爱人在一旁捂着嘴直乐。

为什么这么小的孩子就要自己动手去完成一件事呢，而且还一个个表现得如此坚决，不依不饶？

在电话的那头我告诉她，每个孩子都想通过自己的行动完成自己的事情，这完全是人的自然天性使然，是每个孩子都有的心理需求。

再者，许多妈妈也都还没有认识到尊重孩子自立天性的重要性，它可以顺着孩子的这一天性培养孩子自己动手做事的习惯，同时还可以开发孩子智力，培养孩子的动手能力。难怪著名教育家陶行知会说："孩子的成长和发展需要宽松的、开放的、积极的引导环境，要遵循孩子的天性，让孩子自由发展。要解放孩子的头脑、双手、给他自由的空间和时间。"

著名教育家陈鹤琴也说："凡是孩子自己能做的事，让他自己去做。"

张洁认识到这些之后，以后便很少越俎代庖。

如小强自己要系鞋带，可吭哧半天也系不上，她虽然心里着急，可她一边表示理解，一边强忍着由着他去，顶多在一旁做一些指点。"看，妈妈，我把鞋带系上了，系得好不好？"小强一脸成就感。

小强六岁时，张洁一家人到肯德基吃套餐，服务员送了一个"小灰灰"玩具。玩具放在一个袋子里，需要自己动手组装。配件有伞柄、伞面、底座、小灰灰。装好后按按钮，小灰灰就会顺着伞柄滑下来，挺有意思。

小强这下来了兴趣，马上就要装上玩，香喷喷的套餐也没味了。虽然看起来很简单的组装，可对一个六岁的男孩却并不那么简单，小强连装了好几次都没装对，爱人有些耐不住性子了，指指点点想要上手，却被张洁制止："孩子的事情父母别乱插手！"

小强经过数次尝试后，终于安装成功了。一按按钮，小灰灰便滑了下来，"妈妈，真好玩！"

那顿肯德基一家人吃得别提有多香了。

不仅如此，为了进一步培养儿子的自立能力，在确保安全的前提下，只要是孩子力所能及的事情她都尽量让孩子去做。小的时候如穿鞋、穿衣服、叠床、吃饭等都让孩子去做。长大一点后，如到医院排队挂号，乘火车买票，到外面吃饭需要和服务员交流等都交由他去办。

在这一过程中，小强的自立习惯逐步养成，独立解决问题的能力也在不断加强，成功的体验越来越多，也越来越自信。

　　小强以优异的成绩考入清华大学后，有一位母亲来向她取经："你们小强，从小就自立自强，知道替父母分忧，学习也一直很好。我那儿子真是愁死人，平时在家什么都不干，初中、高中都是我花高价替他找的学校，以后该咋办呀？"

　　"只要你放手，孩子自然就会一天天成熟起来。"张洁说道。

八、妈妈们的通病

有一次在一路公交车上，一个小男孩从地上捡起一张卡片，翻来覆去地看着，妈妈一把夺过来扔到地上说道："这卡片脏，不能玩！来，赶紧把手洗一下！"说着拧开一瓶纯净水要给孩子洗手，小男孩几次挣扎想把卡片捡回来，都被妈妈死死地按住，最后"哇"的一声号啕大哭。

我心想，这位妈妈也太小心了，难道她小时候玩的沙包、踢的毽子、收集的邮票就不沾土，就一尘不染？这不利于培养孩子自觉动手做事的习惯，经常如此会让孩子对妈妈产生依赖心理。

还有一次，在公园，看到一个小男孩正在爬一棵树，已经快爬上去了，这时见一位妈妈惊叫道："宝贝，别爬了，危险！"说着三步并做两步冲了上来。受到惊吓的男孩从树干上掉了下来，摔了个大屁股墩，哭了起来。

几位游人纷纷侧目。我心想，有必要这么大惊小怪吗？

表弟媳在教子中多少也存在这一问题。"六一"儿童节，表弟媳带八岁的儿子到欢乐园去玩，儿子想坐云霄飞车，看着坐在车上的小朋友一个个惊声尖叫的样子，儿子跃跃欲试也想尝试一把，可恐高的表弟媳却说危险，拒绝了他的要求。儿子耍起了小驴脾气，表弟媳狠狠训斥了他一通。

"好吧，那就去骑马。"表弟媳又害怕他从马背上摔下来，也拒绝了。无奈只得去玩一些小儿科的游乐项目，那天母子俩闹得很是不开心。

其实表弟媳的担心完全是多余的。游乐场的一些游乐项目，看起来很危

险，实际上都有严格的安全保护措施。

妈妈们为什么会过度保护孩子？

这首先是由于胆小，尤其是女性普遍比男性胆小，这样就很容易做出过于敏感的反应，一惊一乍，把一些小风险放大。再者，没有理性地进行风险评估。

表弟媳在认识到自己的问题后，来年"六一"儿童节，专程和表弟带儿子到欢乐园"将功赎罪"。"十一"又带儿子到南山公园坐高空缆车，一家人在高空滑行，俯瞰山峦、沟壑。

当然，妈妈也不能乱放手，对于一些确实存在高风险的事情尽量不要让孩子去做。要是必须去做的话，一定要做好保护。

如儿子上下学的交通安全问题，由于上下学要经过四站路，中间要过三次马路，为了确保安全，表弟媳专门从老家找了一个阿姨接送儿子。儿子用天然气烧水，每次开阀关阀她都要仔细检查，以防不测。

九、把孩子当宝玉与把孩子当石头截然不同

在一次聚餐中，同桌有两个孩子，一个是男孩，看上去有八九岁，一个是女孩，看上去小一点。上菜前，服务员问两个孩子要喝什么饮料，小男孩害羞地凑到妈妈耳旁低声说："妈妈我要喝果汁，你替我要。"于是妈妈便转达了孩子的想法。而女孩却大方地说道："阿姨，我要喝橙汁！"

小女孩独自上完厕所回来，小男孩说他也想尿尿，男孩妈妈又带儿子去上厕所。吃饭的过程中，男孩妈妈不停地给儿子夹这夹那，对儿子百般呵护，生怕儿子吃不饱。而女孩妈妈自始至终没有给女儿夹一次菜，连招呼一声都没有。女孩吃完后跟妈妈打了声招呼就独自玩去了，而男孩妈妈却不停地催促儿子多吃一点，吃饱了才不饿。

男孩吃完饭还坐在餐桌上，男孩妈妈把果汁拿过来并把吸管摆好对准儿子的嘴："再喝点果汁吧，别一会口渴。"男孩眉头一皱，推开，男孩妈妈连忙说道："就喝一口，就喝一口。"男孩不情愿地喝了一口。"你看你吃完饭嘴巴都没擦干净，妈妈替你擦一下。"说着又抽出一张餐巾纸给儿子擦嘴。

女孩妈妈的放手与男孩妈妈的百般呵护形成鲜明的对比，引起了同桌妈妈的注意，表情各异。

看到这一场面，我的头脑中却蹦出了一个当下正在流行的口号——"拯救男孩"。这是著名教育专家孙云晓根据当下男孩教育中所普遍存在的严重问题提出来的。类似的现象在中国城市家庭随处可见。

我家楼下一个叫南南的男孩，三年级了吃饭还要妈妈催，奶奶喂，每次吃起饭来都是个麻烦事，"再吃一口，再吃一口……"每次不是妈妈就是奶奶在南南屁股后面撵。这一每个小动物出生不久就能凭本能完成的事情，一个八九岁的小男孩却无法独立完成。由于不好好吃饭，家境优厚的小男孩骨瘦如柴。为什么会这样？就是由于父母老人的过分呵护造成的，结果导致连吃饭这一本能都退化了。

邵蓉也多少存在因过度呵护孩子而代替孩子做事的问题。如有一次她买了一麻袋当地有名的青白石白兰瓜，大志挑出两个要给隔壁门栋的赵大爷和楼下的小王叔叔各送一个，因为他们经常跟他说笑。邵蓉满口答应，可她害怕大夏天的把孩子累着，一定要等他爸爸回来后让爸爸送。大志拗不过，只得由爸爸代劳。

为什么会这样？

这自然是由于妈妈心疼孩子，把孩子当宝玉一样百般呵护造成的。妈妈以"爱"的名义把自己的意志强加到了孩子身上，事事代劳，不仅会造成孩子的抵触，时间长了，还会让孩子产生依赖心理。尤其是男孩，虽然城市父母普遍都有了男女平等思想，可受几千年文化思想影响，骨子里面还是把男孩看得更重，这样对男孩的期望更高，给男孩的宠爱也更多。加上城市家庭又大都是独生子女家庭，一个男孩一对父母四个老人，就像生活在大观园中的贾宝玉，可想城市家庭对男孩会百般呵护到什么程度。而女孩父母的期望值要低许多，在父母的心目中更像一块漂亮的石头，宠爱也少一些，在这方面自然就要好许多。这就是造成城市独生子女普遍阴盛阳衰的根本原因之一。

男孩在人们心目中本来是顶天立地的，自立自强不畏艰难，而现在一个个变得像贾宝玉，女孩子身上却多了许多男孩子身上本来应该有的阳刚气质。

邵蓉认识到自己的问题后，便开始有意从内心深处减少对大志的呵护，只要在大志能力范围内的事，只要没有多少风险，就一律放手让大志去做，让孩子去经历。不仅吃穿住行日常生活整个让孩子自理，就是出门问路、医院挂号、买菜谈价也都放手让大志去做。到外面吃饭需要与服务员交流也都交由大志去交涉。以前买了东西尽量自己多提一点，现在是尽量让大志多提一点，让他多替妈妈分担。

邵蓉心想，只有少呵护孩子，把自己变成一个大懒妈才是一个好妈妈。大志的自立能力也在这一过程中越变越强。

十、妈妈在教子中必须要交的学费

雪儿一岁多一些的时候就要自己吃饭，"你还小，长大一点再自己吃"，爸爸说道。雪儿哪肯依从。"雪儿想自己吃就让她自己吃"，孙菊说着给女儿的小碗里舀了一点米饭，又舀了一点菜汤，捡了点菜。雪儿吃了两口就拿勺子在小碗里叮当乱捣，玩得不亦乐乎，搞得菜汤米粒四溅，身上、桌子上、地上都是。

"看你把女儿惯成啥样了？"爱人板着面孔愤然离去。而孙菊却不仅一句责怪女儿的话都没有，还赞扬女儿这么小已经学会自己吃饭了。

孙菊的做法是有道理的。孩子还小，肯定许多事情还做不好，还碍事，可比起培养孩子自己动手的习惯这又算得了什么呢？这是妈妈在教子过程中必须要交的学费。

就这样雪儿两岁多就学会了用筷子吃饭。

雪儿看妈妈洗衣服也要参与，这时爱人也不阻挠了，主动给雪儿拿上小盆，让她在一旁洗手帕和袜子。实际上雪儿洗的东西，孙菊都要偷偷再洗一遍。

妈妈收拾桌子，擦桌子、擦家具，雪儿也在一旁擦，不仅碍手碍脚，还常常弄得满地是水。

五岁时，有一次孙菊给衣服缝扣子。雪儿看着眼热，要给她的布娃娃缝衣服。别说雪儿了，连她自己都不知道该怎么缝。"好啊，妈妈相信雪儿一定能缝好。"便找来一块花布，剪刀，并给她穿好针线，让雪儿去折腾。

雪儿就这么由刚开始添乱、碍手碍脚，什么都做不好，到上初中时已经能炒几个小菜了。有时父母不在家时，雪儿便自给自足。

雪儿就这么一步步变成了一个生活自立且自我管理能力强的女孩。

付彩霞也是一样，有一次她拖地，亮亮有兴趣也想拖，"好啊，那就帮妈妈拖。"亮亮拿着拖把就像玩具一样在客厅玩，"妈妈，我在地上给你画画。"

"好啊。"

这既耽误了她的时间，又把地弄得一塌糊涂。可付彩霞任由孩子去拖，还不停地夸亮亮画得好。

上小学时，亮亮要自己洗衣服，付彩霞爽快地答应了。中午回家，她检查了一下，亮亮不仅把自己的衣服洗了，还把她的衣服也洗了，用衣架整齐地凉在了阳台上，尽管污渍还没有洗干净，她还是很满意，不停地夸亮亮。

方面二

妈妈应该这样夸孩子

自从著名家庭教育专家卢勤的《告诉孩子，你真棒！》问世以来，许多妈妈都学会了用"你真棒！""真棒！""真好！"来夸赞孩子，这几乎已经成了许多妈妈的口头禅，每当孩子有良好行为表现时，都会如此这样一番。两三个字，用起来既简单又方便，还符合赏识教育的潮流，何乐而不为呢？

可又有多少妈妈知道，这样的赏识教育是浮浅的，有缺陷的。

一、牛虽是畜类，心和人其实是一样的

一位妈妈带儿子小鹏到同事小马家串门，小马见小鹏穿的新衣服上有个大卡通，就夸了几句。小鹏美滋滋的，可小马的儿子却撅起了小尖嘴，更加出乎意料的是，他还把小鹏的新衣服扯得乱七八糟，"哼！看我妈妈还说不说你好……"小马连忙上前制止，并大声斥责儿子，儿子却像自己受了多大委曲似的，先大哭了起来，弄得两人都很尴尬。

小马的儿子怎么会有这样的举动呢？

这是由于每个孩子天生都想得到他人好的评价，对他的行为及所做的一切给予肯定。由于妈妈当众夸奖了别的孩子，没有夸奖他，让他产生了嫉妒心理，便有了攻击行为。其实不管是孩子还是成人都有这一心理需求。因此，妈妈应对孩子的嫉妒行为给予尊重和理解才是，训斥孩子是一种无知的做法。

有这样一个故事：一位名叫黄喜的相国，微服出访，路过一片农田，坐下来休息。看见农夫驾着两头牛正在耕地，便问农夫："你这两头牛，哪一头更棒呢？"农夫看着他一言不发。等耕到了地头，牛到一旁吃草，农夫附在黄喜的耳边，压低声音告诉他："告诉你吧，边上那头牛更好一些。"黄喜很奇怪，问他："你干吗用这么小的声音说话？"农夫说："牛虽是畜类，心和人其实是一样的，都要听好听的。我要是大声说这头牛好那头牛不好，牛能从我的眼神手势声音里分辨出来，那头虽然尽了力，但仍不够优秀的牛，心里会很难过……"

赞美不仅能满足孩子的心理需求，让孩子产生愉悦感，同时还能树立自信心引导孩子自觉朝正向发展。

一个十岁的小男孩想当一名歌唱家，可他的老师却说他五音不全。男孩回到家中非常伤心，她的母亲（一位贫穷的农妇）知道此事后，用手搂着他，跟他说："孩子，其实你很有音乐才能。听一听吧，你今天歌唱时比昨天乐感好多了，只要你发奋努力，妈妈相信你一定能成为一名出色的歌唱家！"

听了母亲的话，小男孩停止了抽泣，并重新树立起了自信。后来，这个男孩成了著名的歌唱家，他的名字叫恩瑞哥·卡素罗。

卡素罗回忆自己的成功之路时说道："是母亲那句肯定的话，让我有了今天的成就。"

有了这次经历后，小马以后也就知道该如何处理类似的事情了。

一天，小马亲戚带女儿来家玩，与儿子一起在茶几上折纸鹤，女孩到底心灵手巧，一会就折了十只，既快又精细，而儿子手忙脚乱才折了五个，且东倒西歪，她连连称赞女孩。这下小马儿子嫉妒心又上来了，一把从姐姐手中抢过纸鹤，使劲踩了两脚不说，还"呸、呸"两声，然后跑回到自己房间哈哈尖笑。

这次小马没有斥责儿子，而是走到跟前跟儿子说："姐姐是女孩，折纸是她的强项，你也有自己的强项啊，比如说你跑得快，姐姐就没你跑得快。"

小马儿子听妈妈这么夸他，得意地笑了，然后不好意思地挠挠头，从地上拾起纸鹤，走到姐姐跟前，向姐姐道歉。

二、夸孩子聪明与夸孩子努力效果正好相反

有一位妈妈对赏识教育并不认同，她说她那儿子一赏识成绩就下滑，要是狠狠批评他几句，成绩反而上升很快。

我听后大感惊奇，因为我还是第一次听到这样的言论。

原来这位妈妈的儿子上月月考，数学语文都是全班第一。这位妈妈高兴坏了，像卢勤一样竖起大拇指夸道："儿子，你真棒！这说明你聪明过人！"儿子得意扬扬，一脸自豪。可不久便乐极生悲，期中考试遭遇"滑铁卢"，成绩一下子跌到了二十几名。妈呀，这是咋回事？！这位妈妈也随即回到了管教孩子的老路上，怒道："你这个经不起夸的东西，一夸你尾巴上就插旗杆！下次再考不好，小心我剥你的皮！"

没想到这一骂还真灵，儿子的成绩不久又真冲云霄。于是这位妈妈便对赏识教育提出了质疑。

这位妈妈的一番话引得我哈哈大笑，但仔细想想，这位妈妈说的并非全无道理。那问题到底出在哪了呢？

经过一番思考，我发现问题出在"夸孩子聪明"上了。这是由于夸孩子聪明，孩子就会依仗自己的聪明，误以为自己聪明过人，不需要努力，不需要勤奋就能取得好成绩，这样就会在学习上掉以轻心，不去努力，这是导致孩子成绩直线下滑的首要原因。当然，她威胁孩子的做法绝非长久之计。

不仅如此，经常夸孩子聪明，会误导孩子以为成绩的好坏与聪明程度直接相关，一旦考试成绩不好，接连受挫，就会认为自己笨、无能，不是学习的料，是不可改变的，这样接连受挫后就很容易灰心。

要是在孩子取得成绩后，夸孩子努力，就可以正确地引导孩子认为自己的成绩是靠努力和勤奋得来的，在学习上就会更加努力。在受挫后他也会认为是自己努力不够，还需要更加努力，自然就会迎着困难而上。

美国哥伦比亚大学教授德韦克在他的研究报告中指出："如果孩子在取得好分数后就夸他们聪明，这会使他们在日后的学习中经受不起失败的挫折，因为孩子很可能因得了低分就抱怨自己太笨，而这又是与生俱来的，是无法改变的。可要是夸孩子努力，当他们学习成绩不理想时，他们就会反省自己的学习方法，应付出更多的努力。"

因此，这不是赏识教育有问题，而是赏识的方法有问题，是夸孩子的方式不对将孩子引入了误区。夸孩子聪明不如夸孩子努力。

表弟媳在教子中也存在这一问题。她经常夸儿子聪明，甚至为潜移默化让儿子认为自己聪明过人，一度她不叫儿子"儿子"，改叫"聪明儿"。在她认识到了自己的问题后暗暗地惊出了一身冷汗。难怪儿子的成绩也经常是忽高忽低，要是再这么继续下去，将会把孩子引入歧途。

从此以后，表弟媳再也不称儿子为"聪明儿"了。如儿子用了一下午时间拼接出一艘巡洋舰，换成以前她会夸儿子"真聪明"，现在她会说："这艘巡洋舰是儿子制造的！真气派，做工真精细，看来儿子一定动了不少脑筋，费了不少功夫吧？"

儿子美滋滋的，自信道："我还可以造核潜艇呢！"

"嗯，妈妈相信你，像你这么努力，这么用功，一定能造出核潜艇！"

以前儿子考出好成绩，她也会夸儿子"真聪明"，现在她改口为："成绩真不错，这都是儿子努力学习的结果啊！"儿子学习成绩忽上忽下的问题也得以根治，一年后被评为"三好学生"。

值得庆幸的是，孙菊在这个问题上就没有走任何弯路。

雪儿小的时候反应有些慢，学东西、做事情总比别人慢半拍。上学后写字、算数也总是比别人慢半拍，不像许多孩子看起来灵灵光光，为此老师甚至怀疑雪儿"弱智"，建议她带女儿到医院去检查。孙菊当然知道这都是无稽之谈，反应快的人多了，但这只不过是反应快而已，并不意味着就聪明。相反慢的人思维往往才会更缜密，她相信雪儿只要勤奋努力就一定能够超过那些老师认为所谓的聪明学生。

以后每看到雪儿写作业时，她都会鼓励雪儿："雪儿真棒！你只要努力学习，就一定能比别的同学学得更好！"

每当雪儿考出好成绩，她都会兴奋的说："这都是雪儿努力的结果，要想取得更好的成绩雪儿还要加油噢！"

就这么在孙菊的不断鼓励和夸赞下，雪儿成了班上学习最自觉、最勤奋的学生。上课没听懂的，雪儿会下课及时问老师。课间同学们都在玩，而雪儿是把没搞懂的搞懂后再玩，连老师都开始为她努力学习的劲头所感动，数学、语文在班上稳居前三，二年级被评为三好生。

三、少说"孩子，你真棒！"

自从著名家庭教育专家卢勤的《告诉孩子，你真棒！》问世以来，许多妈妈都学会了用"你真棒！""真棒！""真好！"来夸赞孩子，这几乎已经成了许多妈妈的口头禅，每当孩子有良好行为表现时，都会如此这样一番。两三个字，用起来既简单又方便，还符合赏识教育的潮流，何乐不为呢？许多妈妈都被淹没在了这一大潮之中了。

为什么会这样呢？这是因为许多妈妈都只是学到了表皮，并没有真正领会精神。那问题又到底出在哪里了呢？

在现代心理学中，赞美分为两种：一种是"具体的赞美"，一种是"笼统的赞美"。具体的赞美是对人的某一具体行为的赞美，笼统的赞美是对人总体行为进行概括性的赞美。如"你真棒""真棒""真好""好孩子"等，没有指具体行为，都属于笼统的赞美。

"具体的赞美"相比于"笼统的赞美"有三个优点。

首先，它所指具体、明确，能让孩子清楚地知道自己具体好在哪里，会知道自己怎样的行为能得到肯定，并朝这一方向发展，从而养成良好的习惯。笼统的赞美所指不具体，模糊不清，加上孩子还小，理解能力不够，对孩子行为正向引导的效果就要差许多。

其次，"笼统的赞美"的用词就那么几个，经常反复使用就会失去新鲜感，刺激效果自然也会逐日递减，大打折扣。具体的赞美，反而来的新鲜、刺激，效果自然也会更好。

笼统地对孩子赞美，也容易笼统地对孩子进行全盘否定。孩子因为哪件事情没做好，或哪次试没考好，就会以点盖面，对孩子进行全盘否定，误认为孩子就不是好孩子了，就不好了，不棒了，从而对孩子的自信心造成全面打击。

这样孩子的自信心也很容易被一点小错、一点过失打垮。这也就是城里的独生子女心理普遍越来越敏感、越脆弱的原因，常常经不起一丁点挫折。

要是经常用具体的赞美或具体的否定，所指非常具体，就不存在以偏盖全的问题。这也是现代心理学普遍提倡要具体的赞美的三个原因。

因此，妈妈在夸孩子的时候要尽可能具体。

付彩霞在认识到自己的问题后，一改过去的做法，对儿子的每一次良好行为表现尽量夸得具体一些。

如亮亮给她提了一桶水，以前她会高兴地说："你真是个懂事的好孩子！"现在她会说："谢谢亮亮帮妈妈提水，妈妈很开心！"

亮亮作文老师批了高分，以前她会高兴地说："亮亮的作文大有进步，写得很好嘛！"现在她会认真地把作文读一遍，然后对作文主题贴切情况、叙述方式、开头、逻辑过程、结尾、语言表达方式、思想内涵做一番具体评价，然后对进步的地方给予具体的赞美。亮亮听完妈妈的评价既高兴又深有感触道："以前听完妈妈的评价，只是觉得好，现在不仅知道好，还知道具体好在哪，哪些地方还有不足。"

四、当心把孩子夸"歪"了

当然，具体该如何夸奖孩子也是有学问的。对孩子不成熟的行为不能夸奖，否则只会是纵容孩子，把孩子惯坏。

许多人都听到过这样一则故事。有一个母亲，由于家里贫困，对孩子的小偷小摸行为不仅不批评，帮助孩子认识到这么做是错的，还加以赞赏。孩子就这么由今天偷同学的一支笔，明天偷邻居家的一块蜂窝煤，渐渐变成了撬门凿锁、翻墙入室，最终变成了惯偷大盗。他也因此犯了不可饶恕的罪行，到此时已悔之晚矣。在被押赴刑场之前，他要求最后再吃母亲的一口奶。母亲答应了孩子的要求，他一口咬掉了母亲的乳头，留给母亲的最后一句话是："是你害死了我！"

当然对于这种是非明摆着的行为，绝大多数妈妈是不会犯这种错误的。

可对于一些是非模糊不清的行为就不好把握了。如一些老人、父母疼孩子，为逗孩子乐，趴在地上让孩子当驴骑，一边爬一边还学驴叫，其他人还对孩子的这一行为鼓掌。李双江就这么干过，结果教出的儿子飞扬跋扈，无法无天，最后闯下了大祸。

那么怎么才能避免乱夸孩子呢？

首先要明确夸孩子的首要目的是什么？夸孩子是为了让孩子长进，自信，再接再厉。要是对孩子错误的行为进行夸奖，只会让孩子的错误行为长进。那这等于是在害孩子。

因此，在夸孩子的时候一定要分清是非。对好的行为进行夸奖，对不好的行为不仅不能夸奖，还要设法纠正。这样才能避免乱夸孩子。

同时，不要夸孩子先天的东西，最好夸孩子后天努力得到的东西。如中国妈妈普遍爱夸女孩子长得漂亮，其实这种夸法也是有问题的。

有一位中国学者到一位德国家庭做客。看到教授的五岁女儿长得金发碧眼十分可爱，便在女孩向她问好时夸女孩长得真漂亮。在中国大人经常这么夸女孩，也是孩子和家长都爱听的话。可没想到却惹得教授一脸严肃，女孩离开后，教授跟这位中国学者说，这样夸孩子实际上是害孩子，应该向他女儿道歉。

"怎么是害孩子？"中国学者有些摸不着头脑。

教授向她解释："孩子长得漂亮是父母遗传基因所决定的，并不是她自己努力的结果。再者，这样夸孩子，她会瞧不起那些长相一般和不好的孩子。还有，这还会误导她去求美，图虚荣，不去学知识，长本领。其实你完全可以夸她懂礼貌，这才是她努力的结果。"

中国学者恍然大悟，于是便向小女孩道了歉，并夸她懂礼貌。

五、来自哈佛教授和美国前总统富兰克林母亲的启示

　　一个上五年级的男孩，十分喜欢漫画，梦想着将来能成为一个漫画家。而他的妈妈却不以为然，认为这是胡思乱想，不务正业，学生应好好学习，取得优异成绩才是正道。于是便对儿子课余时间画漫画百般打压，后来还干脆没收了画本。妈妈这么做的结果是男孩的学习自觉性江河日下，整天无精打采，上课不认真听课，考试成绩大滑坡。

　　而一位哈佛教授，在儿子过十岁生日时，他给儿子订制了一个精致的生日蛋糕，儿子非常高兴，吹蜡烛之前他让儿子先许个愿，吹灭蜡烛后，他问儿子长大以后想干什么？

　　"我想做一个蛋糕师！"

　　这显然不是这位哈佛教授所希望的，可教授却顺随儿子的意愿说道："好啊！祝贺你将来能成为一名蛋糕师！"

　　男孩妈妈与哈佛教授做法截然不同，男孩的妈妈是将自己的好恶强加到孩子身上，哈佛教授则是对孩子健康的兴趣爱好给予充分的尊重。

　　孙菊有一次她带女儿雪儿去买衣服，她觉得粉色的衣服好看，配上女儿的大苹果脸蛋和眯缝眼很是可爱。可雪儿却喜欢黄颜色的衣服，穿上像土豆。

　　"不行，你穿黄颜色的衣服不好看！"于是她硬是把粉色的衣服买了下来，企图将自己的好恶强加到女儿身上，雪儿穿了两次就永久保存了起来。

　　同样是穿，美国第32任总统富兰克林小时候，有一次母亲萨拉带他外出，想让他穿带花边的套装，富兰克林不愿意，母亲又给他换上英格兰短衫，他还是不满意，直到换上富兰克林喜爱的水手服，他这才满意。

萨拉这样说："我们从来不曾试图对他施加影响，反对他的喜好，或者按父母的模式规定他的人生道路。"

一个是强加，一个是尊重，让孩子自由选择，就像上述男孩妈妈与哈佛教授一样，截然不同。

为什么许多中国妈妈都爱把自己的兴趣好恶强加到孩子身上，而许多西方父母却能尊重孩子的兴趣爱好呢？

主要原因是：许多妈妈都还没有认识到兴趣是最好的老师，尊重孩子健康的兴趣爱好，就可以顺着孩子的兴趣爱好走路，孩子做起事来才会自觉，劲头十足，乐此不疲。此时孩子的潜能才会被激发出来。

可许多妈妈由于都还没有认识到这一点，常常因小孩子喜欢的东西都比较幼稚，自己不感兴趣，而不尊重。这样妈妈就很容易把自己的好恶强加到孩子身上，还头头是道。

经过讨论，孙菊在认识到了自己的问题后，便开始注意尊重孩子的各种健康的兴趣爱好。

雪儿从小提琴班退出后，有一次在电视中看到古筝演奏，一下子被古筝古朴而悠扬的旋律打动了，便想学习古筝。可到哪儿学呢？少年宫等许多地方都没有开设这样的兴趣班。

"雪儿，我的宝贝女儿，你能不能改学一些其他的乐器，比如说钢琴，又比如说二胡、手风琴？"孙菊跟女儿商量道。

"不，妈妈，你不知道古筝的旋律真的可美了，听到它我的心就像在小河中流淌。"

听雪儿这么说，孙菊的心整个被打动了，她和爱人暗自下决心不管付出怎样的代价，都要尊重女儿的这一兴趣爱好。后来孙菊终于找到了一位古筝老师，不仅每次去都要走很远的路，由于上的是三五人的小班，学费也要比学其他乐器高出几倍，可她觉得相比尊重女儿的兴趣爱好这根本不算什么。

　　雪儿由于学的是她真爱的乐器，所以自觉得很，劲头十足，进步也很快，这不仅成了她以后参加校园活动的拿手好戏，考入北大后，她还加入了学校乐团。

　　不仅在乐器上，在生活上孙菊也懂得了尊重孩子的兴趣爱好，在穿衣打扮上，在房间布置上也是一样。孙菊喜欢把家收拾得干干净净的，床单喜欢用粉白色的，而雪儿则喜欢橘黄色的，她说那样睡在上面舒服，尽做好梦，孙菊自然是尊重女儿的爱好。

　　高一文理分班，雪儿的文理科成绩相当，都不错。孙菊和爱人都是学文科的，觉得"百无一用是书生"。再者，学文科的，以后就读的专业面窄，技术性不强，俗称"靠耍嘴皮子，摇笔杆子吃饭"。而学理科，专业面广、技术性强、就业面广、有一技之长。总而言之，孙菊和爱人打心眼里希望雪儿学理科。

　　可雪儿经反复考虑后却偏偏选择的是文科，没有什么理由，就是两个字"喜欢"，再多说几个字就是"学起文科来我感觉较好"。

　　换成许多妈妈可能会说，这是什么理由，简直气死我了！

　　可孙菊和爱人最终还是尊重了雪儿的选择，因为他们比谁都清楚尊重孩子健康的兴趣爱好比什么都重要。

　　雪儿最终如愿考上了北大中文系。

六、这样协调娱乐与学习的关系可一举两得

初二暑假，邵蓉想让大志在家温习功课，以便为中考取得好成绩打下基础。因为在当地只有两所重点高中，合起来招生不到1200人，而每年考生有几万人，几十个学生里面才能录取一个，可以说中考要想考上重点高中比高考还要难。

可大志大脑门却摇得像拨浪鼓，他想趁暑假和几个同学学游泳。"妈呀，这么关键的时候要学游泳！听妈妈这一回，等中考过后想怎么游怎么游，你说行吗？"

"妈妈，你到底怎么了？你以前不是这样的……"

邵蓉没能说服大志，陷入到了苦恼之中。

我给她讲了一个叫杨杨的学生的故事。他喜欢下围棋，小升初后想趁假期好好提高一下棋艺，而他妈妈却从书店给他买来了数学、物理教材，让他趁假期超前学习，好一进入初中便处在领跑的位置上，这当然是有远见的父母都期望的。可杨杨却偏偏要学下棋，说他的理想是将来成为一名围棋高手。

这下妈妈火了："下围棋能有什么出息？只有学习好，考上重点高中，上名牌大学才能有光明前程……"于是对儿子兴趣爱好不予尊重，还强力打压。结果暑假杨杨不仅围棋没有学成，还产生了厌学心理。实际上，他是拿起书来就生气，就犯困，一个假期连一章都没学完。本来杨杨学习很好，进入初中后由于厌学，成绩一直在低位徘徊。

由此可见，在此时用管教的方式肯定不行。那么又该如何解决这一难题呢？尊重孩子健康的兴趣爱好与孩子的学习同样重要，要协调好两者之间的关系。

第二天吃午饭的时候，大志小尖嘴撅得快像鸭子嘴了，"大志，妈妈已经想好了，同意你到天龙水宫学游泳！"

"真的吗？"大志的大眼睛像雷电一样闪了一下，小尖嘴一下咧开了。

"妈妈什么时候骗过你？只是妈妈还有两个担心。"随后邵蓉告诉大志，一是担心安全，二是担心影响暑假复习功课。

大志说："安全问题，可以先让爸爸陪几天，等学会了就不陪了。复习功课，只要把游泳和学习的时间安排好就可以了。"

整个暑假，大志是半天学游泳，半天复习功课。为了学游泳，他自觉地早早起床，改掉了假期睡懒觉的老毛病。为了学游泳，不影响复习功课，其他时间他自觉地抓紧时间学习，学习劲头十足，一个假期大志就这么紧张地度过了，不仅学会了游泳，锻炼了身体，充分享受到了假期的休闲时光，功课也没有丝毫耽误，为顺利考入一中打下了坚实的基础。

有了这次经验后，邵蓉也就学会了该如何协调好尊重孩子健康的兴趣爱好与学习的关系，不仅假期都如法炮制，而且还运用到了大志平时的学习之中。

高一，一天晚上，大志在写作业，可邵蓉却发现，练习册铺在写字台上，可眼睛却低头朝抽屉里看，走进一看，抽屉里放着一本书，拿出来一看是《三国演义》。"妈妈，我想看……"大志红着脸说道。

邵蓉笑道："你想看就看，这没什么不好。可你应该大大方方地看，放在下面像做贼似的，多不好。只是要安排好时间。"

在邵蓉的建议下，大志把看《三国演义》的时间安排了每天晚上功课保质保量完成以后。

为了每天能多看一会儿，大志就抓紧时间尽可能在学校就把功课完成，这不仅调动了大志自觉学习的积极性，还提高了学习效率。大志就这么通过挤时间把厚厚的《三国演义》给看完了。

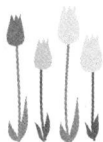

七、蚂蚁洞里学尊重

妈妈还要尊重孩子的正确想法和行为。正如美国家庭教育专家史蒂文所言："成功的家庭教育，还需要父母对孩子的正确想法和行为给予充分的肯定。"

庄明兰是一名公司职员，一天，她和女儿晶晶一起乘公交车到姥姥家，她给晶晶出了一个动脑筋的题：皮球滚到树洞里拿不出来该怎么办？

晶晶转动着大眼睛想了很多办法，如用手捞，用竹竿捅，用铁丝扎……都被庄明兰一一否决，并告之正确答案是用水灌，这样皮球自然就浮起来了，也不会弄破。晶晶不服气地说："你这办法也不一定管用，要是洞是漏的该怎么办？"逗得邻座的乘客哈哈大笑。这下庄明兰脸上有些挂不住了，拍了一下晶晶的头训道："尽往歪处想！"

"妈妈，我没有往歪处想。有一次我想抓洞里的蚂蚁，灌了好多水，水都漏没了，蚂蚁就是不出来！"晶晶一本正经地说道。

又是一阵笑。

"闭嘴！"晶晶看妈妈真的生气了，连忙闭上了小嘴，但从鼓起的腮帮可以看出，她心里很不服气。

其实晶晶的说法是对的，可庄明兰为什么要用管教的口气呵斥晶晶呢？

首要原因是晶晶当众否定了她，驳了她作为家长的面子，让她当众下不了台，便动用家长的权威要蛮。

再者，还有一种潜意识是，害怕让孩子认识到自己的错误后，以后得不到孩子的尊重。

那么会这样吗？

这让我想到了著名教育专家司有和的一则教子故事：一天吃午饭时，上小学的女儿小春鼓足勇气跟他说："爸爸，你昨天说北斗星绕北极星一年转一圈，我们老师说你说错了。"

"是吗？"司有和惊道，脸一阵发烧。

"是的，是一夜转一圈。"说着小春把她的小学课本递了过来。司有和一看果然如此，不知不觉脸又一阵火辣。可他并没有为自己辩解，更没有呵斥孩子，而是马上放下筷子查阅相关资料，当天夜里又进行了室外观察，确信北斗星的确是一夜转一圈。

那么司有和是否会向女儿承认错误呢？错就是错，对就是对，错误的东西本来就不应该得到尊重，只有通过承认错误去赢得孩子的尊重。要是坚持错误掩饰错误，不仅会误导孩子，自然也无法得到孩子的尊重。

于是第二天一大早，他便把正确的结果告诉了小春，并承认了自己的错误。女儿高兴地抱住他的脖子说道："爸爸，你真好！"

听了我给她讲的故事后，庄明兰也向女儿承认了自己的错误，自然也得到了女儿的谅解和尊重。

从此以后，庄明兰在与孩子交谈的过程中，都允许孩子提出不同意见，她则以理服人。

晶晶上小学三年级时，有一个月她和爱人要到深圳出差，于是便想把晶晶送到姥姥家住一阵子。晶晶听后便提出了不同意见，她说她想到奶奶家，奶奶家近，这样上学可以近两站路。

"晶晶说得对，奶奶家近两站路，我怎么没考虑到这一点。还是晶晶考虑得周到！"

晶晶上初中时，为了能考上重点高中，班上许多同学都利用假期报了补习班。晶晶数学有点弱，庄明兰想给她报数学补习班。晶晶却不以为然，她说学习应抓紧课堂时间，提高听课质量，只要把每一堂课听好，听完课后尽量把老师在课堂上讲的知识消化掉就可以了，没必要上补习班，一样的知识听两遍，这不仅会浪费时间，还会给自己增加负担。

庄明兰仔细思考了一下，认为晶晶说得有理，于是便尊重女儿的意见。

晶晶在这一过程中不仅更自觉了，也越来越有主见。

张洁也是一位能尊重孩子正确想法和行为的好妈妈，很少用管教方式来推行自己的主张。

她和爱人一直期盼小强能成为三好学生，可到四年级了还是没当上。看看成绩单，各课成绩都不错，再看看老师的评语也不错，就是说他上课爱交头接耳，爱做小动作。

"这个毛病从一年级一直说到现在，还改不了，你这个孩子怎么这么不听劝！"张洁一下子火了。

小强看妈妈生气了，咬着牙什么也没说，只是眼泪一个劲地直往下滴。

第二天，张洁下班回来，看到书桌上放着一本《故事会》，已经翻开，并用夹子夹好，还留有一张条，上面写着："请妈妈看这篇故事。"

故事讲到有两个小组参加比赛，预赛时A组有个同学出了差错，大家都批评他，连老师也说他，在决赛中，由于紧张他又出了差错，比赛失利。B组在预赛时也有一个同学出了差错，可大家都在鼓励他，结果在决赛时他没有出错，B组最后取得了胜利。

张洁一下明白了过来，这家伙真鬼，是变着法在给她提意见。她不禁一阵欣喜同时又是一阵心酸，欣喜的是小强一天天长大了，心酸的是她在这个问题上一直在批评、指责小强，却忽视了鼓励孩子改正错误。

"小强，妈妈接受你的意见。你是一个懂事的孩子，这点小毛病妈妈相信你一定能自己改掉。"

在以后的时间里张洁用鼓励、关心代替指责，并告诉小强，一些小毛病不是一下子就能改的，让他不要着急。到五年级的时候，小强终于捧回了三好学生奖状。

八、我不要妈妈搭的臭城堡

我有一次到同事小郭家里，他儿子正在搭积木，小郭妻子问儿子正在搭什么，儿子告诉她正在搭城堡，"儿子，你这样搭城堡不对，城堡应该这样搭。"小郭妻子说着便把儿子才搭成的城堡推倒，开始动手给儿子搭城堡。儿子顿时号啕大哭了起来，"坏妈妈，坏妈妈，我不要妈妈搭的臭城堡……"

小郭妻子不懂得尊重孩子的劳动成果，一抬手就把孩子辛辛苦苦创造出来的劳动成果给否定了，这自然是导致儿子大哭的原因。可为什么小郭妻子，一个名牌大学毕业的高材生，会做出这么无理的事情呢？

有许多事情是可以这样也可以那样的，条条大路通罗马，适合于谁对谁来说就是好，没有唯一的标准。如小郭儿子搭的城堡，是适合于儿子的，对于儿子来说就是一座美丽的城堡。而小郭妻子心中的城堡却是另外一个样的，她认为城堡应该是那样的，由于她没有认识到这是两可的事情，没有统一的标准，所以武断地否定了儿子的城堡。

小郭妻子没有认识到这不仅会引起孩子的极度不满，要是经常如此还会抹杀孩子的自觉和创造能力，把孩子变成一个没有个性、只会模仿的人。

孙菊在这一点上也有问题。雪儿上幼儿园时，有一年冬天，临出门时雪儿提出要多穿一件衣服，说老师说穿得少会冻病。孙菊问雪儿自己感觉冷不冷，雪儿摇摇头说不冷，那不冷为什么还要多穿一件呢？孙菊非常清楚，她给女儿穿的衣服看起来薄，实际上保暖性能非常好。可雪儿还是坚持要再穿一件。

"你这孩子怎么听不懂话呢，明明不冷，为什么还要穿那么多！"孙菊火了，训斥道。那天，雪儿流着眼泪去上幼儿园。

其实，雪儿想多穿一件又有什么不可以？这样虽然臃肿了一点，但可以尊重老师的教导，得到老师的好评。本来是两可的事情，完全可以尊重孩子的想法。而她却也像小郭妻子一样把自己的标准强加到了女儿身上。

孙菊认识到自己的问题后，以后对于两可的事情都尽可能尊重孩子的选择。

如雪儿小学毕业后的第一个暑假，她和爱人想带雪儿到北京去旅游，看看天安门升国旗，看看长城、八达岭、古宫，更重要的是还要带雪儿到北大转一转，看一看未名湖、博雅塔，在北大校门口合张影，以加深雪儿对北大的印象，早早地在雪儿的心中树立起远大的学习目标。可雪儿却想去敦煌看莫高窟，这才是她想去的地方。她说去北京以后有的是机会，不一定非要这次去。孙菊和爱人虽然打心眼里不愿意，可旅游可以到这儿也可以到那儿，再者正如雪儿所言，去北京的机会多的是。于是他们决定尊重雪儿的选择，开始了敦煌之旅。

邵蓉在这个问题上和孙菊一样，也走过一段弯路，在她认识到自己的问题后，也像孙菊一样对两可的事情尽量尊重孩子的选择。

如她和爱人都是右撇子，吃饭、写字、无论做什么事都习惯于用右手，而他们的儿子大志却是习惯于左手夹菜吃饭，写字也是用左手，她虽然感到很别扭，可这又有什么呢？世上的左撇子多了，为什么一定要用右手呢？

大志高考前三个月，他的一位好友母亲不幸病逝，他和班上几个同学约好一起到乡下去吊唁。邵蓉跟大志说："你能怀着一颗爱心关心同学，这让我很感动，可慰问同学的方式有很多，可以捐款，可以打电话慰问，再怎么也不应该不上课啊！"

大志反问道："既然有多种方式，又为什么就不能专程跑一趟呢？这样可以更好地表达自己的心意，他是我的好朋友。况且，学习难道就在那一两天吗？"

邵蓉语塞，自然是对大志的选择给予充分的尊重。

妈妈应理解和尊重孩子的行为

　　妈妈学会了相对尊重孩子，自然也就能最大程度地宽容和接纳孩子大量幼稚的想法和行动，自然也就可以大大减少因对孩子动怒，批评、指责、讥讽、吼叫、打骂孩子的几率。这样妈妈说出来的话，才容易入孩子的耳，进孩子的心。

　　一位叫翁龙平的高考状元妈妈在谈到这个问题时说道："我接触过许多妈妈，由于对孩子要求高，总把孩子说得一无是处。其实，孩子是未成年人，有缺点是难免的。我的孩子也有很多缺点，比如做事拖沓、娇气任性等等。"

一、恐怕中国的爱迪生就被你这么给枪毙了!

我经常能听到一些年轻的妈妈们抱怨:

"我家宝宝特别爱撕书,我才买的育儿书就被他撕了,不让撕还哭,我该怎么办呀?"

"我的孩子总爱摔东西,无论什么东西,到了他手上,就想摔着玩,昨天把我的手表摔在了地上,我该怎么办呀?"

"我的孩子不爱惜东西,给他买的玩具总是玩不了几天就变得稀巴烂。给他买得水枪,玩了没几天,就非要往水枪里灌沙子,也不知有多少玩具都被他弄坏了……"

小强也经常把玩具拆得七零八落,好好的小汽车,轱辘不知道跑哪去了。好好的遥控直升机,没玩几天,机翼、螺旋桨也飞了。这让张洁很是苦恼。

有一次她跟我谈到此事,我随口说道,孩子爱拆就让去拆好了,拆完以后能装上更好,装不上也无所谓。

张洁听后,有些摸不着头脑。怎么能任由孩子胡来呢?

于是我又说,小孩子不破不立,这样孩子才能一天天长大,只要尽量不让孩子造成大的破坏就行了。

为此我讲道:有一次,有一位朋友告诉著名教育家陶行知,他儿子竟然把他花大价钱买来的一块金表拆开来鼓捣坏了,被他狠狠地修理了一顿,打得儿子哭天喊地连连告饶,保证以后再也不敢了,他才停手。哪想陶行知听后拍案而起："可惜呀！可惜！恐怕中国的爱迪生就被你这么给枪毙了！"那位朋友听后丈二和尚摸不着头脑。

陶行知认真地对这位朋友说："孩子拆了你的金表，说明他对机械有强烈的好奇心和兴趣，是非常可贵的探索精神。这种自觉探索精神的价值远大于一块金表啊！"

那为什么妈妈们总是抱怨孩子的破坏行为，甚至斥责、打骂孩子呢？

这是由于中国妈妈普遍还没有客观认识到孩子还小，许多想法和行为还很幼稚，做事不考虑后果，考虑问题也不可能周全。而这个世界对孩子来说又充满了未知，摆在面前的各色物品对孩子来说都充满着新奇，孩子在探索未知世界的过程中，难免因幼稚、考虑不周将许多东西弄坏，拆了装不上去，小男孩把父亲的金表鼓捣坏也属于这种情况。

妈妈们要是客观地认识到这些，自然也就不会过分地要求孩子，才会对孩子大量的不成熟行为给予相对的尊重和理解。

还有一个重要原因是许多妈妈还没有认识到相对尊重和理解孩子这些破坏行为的重要性。

东西弄坏了谁都不高兴，尤其是花钱才买来的新东西及价值昂贵的物品，被孩子弄坏后都会心痛，可相比于培养孩子自觉探索的精神，损坏一些东西又算得了什么呢？这是妈妈在孩子成长过程中必须要交的学费。

张洁很快便认识到了自己的问题，并及时调整了自己的行为。

一天，张洁带小强出去玩，穿了一件毛衣，毛衣上有串装饰性的珍珠项链，是缝在上面的，一下把小强的目光给吸引住了，"妈妈，那是什么呀，能让我看看吗？"张洁解释完后，蹲下来让小强看，小强一把抓上去，珠子哗啦全散落了下来。好好的装饰项链就这么完了。张洁的火噌得一下就上来了，看来这小子该好好管教管教才是，可想想大教育家陶行知说的那句话——"这种自觉探索精神的价值远大于一块金表啊！"，她心中的怒火立刻便熄灭了大半。

张洁知道这是小强毛手毛脚造成的，不是故意的，她一句斥责的话都没有，而是从地上捡起一些珠子给小强，平静地说道："这些珠子拿去玩，以后小心一点就是了。"小强点点头。

上四年级时，小强的小闹钟早上不"嘀嘀嘀"的报时了，差点让他迟到。下午放学回家，他突发奇想，想把大屋客厅挂钟上的那只小布谷鸟报时器卸下来，装到闹钟里去。结果捣腾了半天，不仅闹钟没修好，还把挂钟也给弄坏了，装不回去了。

张洁回来后，不仅没有指责小强半句，还夸小强有创意，只是以后卸开了小心点，装不上还要能保证原路装回去。小强自觉探索的劲头更足了。

别说小学了，到了中学也是一样，有时也会有一些东西拆了装不回去，被鼓捣坏，张洁还是一如既往地由着孩子去，不破不立，这样孩子才能一天天长大，只要尽量不要让孩子造成大的破坏就行了。

当然此时小强的修复能力也比以前强了。初二时，他边看书，边修复被自己拆坏的电门铃；高二时，他用自己学来的无线电知识把弄坏的小收音机给修好了。

二、我是齐天大圣孙悟空！

大志小的时候就像许多男孩一样，不仅是一个小破坏分子，还是一个调皮捣蛋的主。

像许多男孩一样，在家里他喜欢到处涂鸦，邵蓉为他准备了图画本、画板，让他在上面画，可大志喜欢即兴创作，大屋、小屋、客厅的墙上、柜子上随处可见他的杰作，画完以后还拉着妈妈的手点评一番："妈妈，你看我画得好不好？这是妈妈，这是爸爸，这是我，还有奶奶……"

"好好，画得好，要是能画在本子上或画板上就更好了。"

可下次他还是随处乱画。

不仅如此，邵蓉在收拾屋子的时候也像她这个人一样，文文静静，家里也总是收拾得井井有条，可大志则喜欢随意，他的玩具、画书经常是随处乱放，客厅里经常这是他的军火库，那是他的飞机场，乱七八糟。

更让邵蓉难以忍受的是，大志又是一个"人来疯"，每当大姐女儿娟子、张老师儿子小林来家，都会玩得热火朝天，地上打滚，桌上爬，然后又是蹦床又是闹，"我是齐天大圣孙悟空！"

可为了孩子的成长，邵蓉从不要家长的权威，规定孩子别这样、别那样，否则家法从事。而是由着孩子去，然后做一些正向引导。可让他们没有想到的是，学龄前大志的这些调皮捣蛋的行为还好办，可上学后便麻烦不断。

上小学后，上课交头接耳、做鬼脸是常有的事，有一次老师在上面讲

课，他和两个同学爬在课桌下玩。还有一次他上课揪前面女同学的小辫子，被老师罚站。第二节课他报复这位女同学，在女同学要坐下时他竟然把板凳给抽了，女同学一屁股坐空，仰摔到地上，额头被桌角磕破，流了不少血，这下闯了祸。自然是请家长、道歉、做检查、赔医药费。学校甚至发出警告，要是大志不听管教，还这么淘气就勒令转学。

"大志这么淘气，都是你这当妈的惯的！他再这么下去跟街头上的小混混没什么两样！"爱人盛怒之下第一次用尺板狠狠收拾了大志一通，大志被打得鬼哭狼嚎。

为什么许多父母都在犯这样的错误？认为调皮捣蛋的孩子就不是好孩子，在孩子不守规矩犯小错的时候还能勉强容忍，可一旦闯了祸，犯了大错就不能再容忍了呢？

这首先是因为许多父母都还没有客观地认识到孩子就是孩子，在他们的头脑中没有成人世界的条条框框，这样在行动上就会随心所欲，不守规矩，常常与成人世界中的各种规矩相冲撞，造成许多矛盾和冲突，这样就会给父母带来许多麻烦。尤其是男孩子，进入到集体以后就更是如此了。

再者，只是看到了孩子因调皮捣蛋所带来的麻烦，却还没有认识到相对尊重和理解孩子调皮捣蛋行为的好处：它能激发孩子的创造力。孩子在调皮捣蛋的时候每个精神元素都会调动起来，而且在不守规矩中又有许多创新元素。

据美国旺尼苏达大学教育心理学主任托伦斯研究，创造力强的儿童多数具有三个让人讨厌的特点：

1、顽皮、淘气、荒唐和放荡不羁；

2、所作所为时逾常规；

3、处事不固执，较幽默，但难免带有嬉戏态度。

这也是杰出人物儿时大都调皮捣蛋的原因。难怪有日本教育家会倡导"教育一个调皮捣蛋的孩子"。

调皮、好动是儿童的天性，只要不太出格，父母就不要对孩子限制太多。什么都看大人的眼色行事，唯唯诺诺，将来往往没有出息。

可许多中国父母都还没有认识到这一点，在处理孩子调皮捣蛋行为时常常难免因小失大。

这也是大志惹了大麻烦后邵蓉爱人暴打儿子的原因。那么对待孩子调皮捣蛋行为具体又该如何办呢？

邵蓉的做法是对的。就是要在相对尊重和理解孩子调皮捣蛋行为的基础上加强正向引导。邵蓉的问题是，正向引导得不够，还需要进一步加强。

邵蓉待爱人气消得差不多后，讲了这样一个故事。

诺贝尔生物学奖获得者卡哈尔小时候也是个淘气大王。一会在墙上涂鸦，一会上树掏鸟，一会又上房揭瓦，整天在外惹是生非，弄得学校和家长都非常头痛，训斥、禁闭都用上了，可到时还是老样子，有一次卡哈尔用自制的弹弓射伤了邻居的孩子，闯下了大祸，警察把他抓去拘留了三天。卡哈尔的父亲是位大学教授，这次可真生气了，不仅中断了儿子的学习，决定对儿子施行严加管教，逼迫他去学理发和修鞋，"像你这么调皮捣蛋以后也只能干这些了！"

在卡哈尔的两年学徒中，父亲也在痛苦的反思之中，经过这段时间的思考他终于明白了过来，淘气是孩子的天性，因为孩子淘气而否定孩子是一种愚蠢透顶的做法。于是他立即改弦更张把儿子又接回了家，并亲自执教，这才成就了今天的卡哈尔。

爱人听完这个故事后，倒吸了一口冷气什么话也没说。

通过此事，邵蓉认识到了接下来还要加强正向引导。此次大志闯祸虽有偶然性，但跟她正向引导不力也有关。

大志闯了这次祸以后，又遭受到爸爸的惩罚，一段时间老实了许多，但上课交头接耳做鬼脸还是时有发生。大志的调皮捣蛋的天性还是依旧。上初中后，小尾巴又开始露了出来。

他班上的语文老师说起话来鼻音很重。下课后，老师前脚走，他后脚就走向讲台，捏着鼻子，学着语文老师的样子，阴阳怪气地在讲台上念课文、讲课，弄得同学们一个个捧腹大笑。有一次大志正在即兴表演时，被

折回来的语文老师撞上，被一顿狠批不说，又要请家长。

这次邵蓉对大志调皮捣蛋行为给予相对尊重的基础上，开始加强正向引导。

"你觉着自己学老师的腔调即兴表演对不对？"邵蓉问道。

"有什么不对？连毛泽东、周恩来都有人扮演，我扮演一下语文老师有什么不行？"大志低着大脑袋嘟囔道。

爱人看了一眼妻子，看她如何正向引导。

"没错。可他们在扮演领袖人物的时候，是不是也像你那样捏着鼻子，阴阳怪气，故意恶搞？"

大志扑哧一笑，又连忙低下头。

"要是有人这样扮演领袖，你觉得是对领袖的什么？"

"不尊重。"

"那你那样扮演语文老师呢？"

"妈妈，我知道自己错了……"

大志的恶作剧行为还有不少，常常花样翻新，每次邵蓉也都是在相对尊重和理解的基础上加以正向引导。

三、汤圆为什么不可以是方的?

在台湾有一位幼教老师教三四岁大的孩子用黏土揉汤圆,在老师的示范下,大大小小的汤圆从孩子们的手中诞生,孩子们都玩得很高兴。可唯独有一个三岁的小男孩做成的却是小正方形的,像方糖。

难道是这男孩不会揉汤圆?

他的举动立即引起了老师的注意,老师敲敲男孩的小指,让他揉成圆形的,并做了个示范动作,小男孩不太情愿地用黏土揉了一个汤圆,可当老师转过身来时,小男孩立即把它给压扁了,然后又做出一个方块。

这下老师有些不高兴了,问男孩为什么不揉汤圆。男孩回答说他不喜欢圆的。

"快点揉啊!不可以不一样喔!"老师提高嗓门命令道。

小男孩既不做方的,也不揉圆的,干脆僵在那里。后来这个小男孩被罚不许玩接下来的吹泡泡游戏。

按中国人的传统,汤圆应该是圆的,象征着团团圆圆、圆圆满满,小孩子异想天开做成正方形的,老师自然看不过去。可小男孩的妈妈却对孩子异想天开的作品大加赞赏。

这位妈妈用这种方式培养出的儿子后来考上了一所世界名校。

类似的事情也发生在了庄明兰的身上。

晶晶三岁的时候,有一次在花盆里挖了个坑,把活蹦乱跳的金鱼小心翼翼地放了进去，然后又埋上了土。

"晶晶你在干什么！"庄明兰看到后感到非常诧异。

"妈妈，我在种鱼。种子埋在地里能开花结果，鱼儿埋在土里也能结出小鱼。"晶晶天真地说道。

"鱼儿是生的，不是种的，你这简直是瞎胡闹！"庄明兰训斥道。

晶晶四岁那年，庄明兰下班回家，发现晶晶把牛奶倒进了鱼缸，鱼儿纷纷翻了肚皮。在她看来她每天要喝牛奶，鱼儿也能喝牛奶，为了让小鱼儿快快长大，她便异想天开地给鱼儿喂牛奶。毫无疑问，晶晶这一异想天开的行为又遭到她的一顿训斥。

其实，类似的错误，庄明兰也犯过不少。为什么这么多人都在犯这样的错误呢？这主要是有两方面原因。

一是许多人都还没有客观地认识到，孩子还小，不仅幼稚，且无知，加上又没有成人头脑中的条条框框，思考起来天马行空，有许多天真的异想天开的想法，这很自然，每个成人都是这么过来的。做父母的应该给予相对的尊重和理解才是。

二是还没有认识到相对尊重和理解孩子异想天开的重要性。它能激发孩子的想象力和创造力。

许多人都知道大发明家爱迪生一生大大小小的发明有一千多项，可他的异想天开也是出了名的。如小时候他蹲鸡窝孵小鸡的故事。对于许多父母来说，这种荒唐的行为不仅会惹来耻笑，甚至斥责，"这小子是不是脑子出毛病了？"可他们又哪里知道，就是在父母管教、嘲笑、斥责中，孩子的想象力和创造力也被一点一点扼杀掉了。而在爱迪生妈妈南希眼中，这却是儿子的天才之举，不仅不会耻笑，还要大加赞扬。

庄明兰在与我交谈中认识到自己的问题后，开始对晶晶异想天开的想法和行为也给予相对的尊重和理解，常常还要夸上几句。

如晶晶五岁那年冬天，给她心爱的两盆君子兰浇开水，被庄明兰看到，看着冒着热气的花盆，庄明兰的火噌地一下窜了上来，可随之又马上冷却了下来。

"晶晶，你这是干什么？"她问道。

"我给花儿浇开水，现在天气冷，让花儿喝点开水，它高兴了，就会早早开花。"晶晶一本正经地说道。

"噢，晶晶好有爱心，好有想象力哟。可你想过没有，花儿不是人，它不要喝开水，你从电视上见过农民伯伯有用开水种地吗？"

晶晶摇摇头说道："妈妈我又犯错了。"

晶晶六岁时，到姥姥家玩，"姥姥，姥姥，我要跟爸爸结婚！"

"胡说八道，再胡说小心我抽烂你的嘴！"姥姥斥道。

庄明兰连忙把母亲支开，用温和的口气问晶晶："为什么要跟爸爸结婚呀？"

晶晶说爸爸个子高，跟爸爸结婚后，班上那个经常欺负我的男孩子就再也不敢欺负我了。庄明兰笑道："晶晶还挺会想办法，这样爸爸就成了你的保镖了。"

四、要像胡佛对待机械师那样对待犯错的孩子

一个叫包布·胡佛的美国著名飞行员，一天，他在圣地亚哥航空展览中表演完毕飞回洛杉矶，在空中三百米的高度飞机两只引擎突然熄火。他凭借高超的驾驶技术操控飞机安全着陆，飞机严重损坏，所幸没有人员伤亡。

着陆后，胡佛的第一个反应就是检查飞机燃料。正如他所料，他驾驶的螺旋桨飞机居然装的是喷气机燃料，而不是普通飞机汽油。回到机场后，他要求见一见为他保养飞机的机械师，那位年轻的机械师正为自己所犯的错误难过至极。当胡佛走向他时，他已经泪流满面，由于他的失误不仅造成了非常大的损失，还差一点使三个人丧命。可以想象，此时胡佛肯定会咆哮大怒，痛责这位机械师。但出乎所有人意料的是，胡佛不仅没有责骂这位机械师，甚至连一句批评的话都没有，他用手臂抱住那位机械师的肩膀，对他说："每个人都有出错的时候，为了表示我相信你不会再犯错误，我请你明天继续为我保养飞机。"

按理无论胡佛怎样严厉地批评和指责那位机械师都不为过，但他却用相对尊重和理解的心，包容并原谅了这位年轻机械师的重大失误。

而在现实中能做到这一点的人却极少。在我的班上有一个男生，学习成绩一直非常好，在班上不是考第一就是考第二，可有一次数学考试，他两道题没做上来，考了八十来分，掉到了十几名。老师批评他，同学嘲笑他。在回家的路上，他渴望父母在这个时候能给他一些温暖，给他一些宽容。可出乎他意料的是，父母知道后不仅没有一句宽慰的话，还劈头盖脸一顿臭骂，且凶神恶煞地把他暴打了一顿。男生的心也因此被打碎了。

可这位男生不服气，他咬咬牙成绩又上去了，可这一下反而更糟了，为此妈妈得出一个结论："教育小孩简单，一个字就行——打！"

从此以后，父母稍有不顺心开口便骂，抬手便打，打来打去，把男生的学习积极性打没了，初二后成绩越来越差，已经跌到了中下游，父母打骂孩子的行为也开始逐步升级，由手打变成了用皮带抽。

我知道此事后，把男生父母约到学校进行了一次深谈，局面才开始有所好转。

付彩霞在教子中也犯有这一错误。亮亮五岁时，爬到椅子上抱着大雪碧想给自己倒一杯喝，没想到雪碧脱手而出，摔在地上，淌了一地，保姆连忙收拾。亮亮惊慌失措地站在一旁，"不让你动，你偏动，这下可好！"付彩霞训道。

为什么许多父母在孩子犯错后都会苛责孩子呢？

首先，许多父母还没有客观认识到人人都会犯错，每个人在做事的时候都有失误的时候，对于孩子就更是如此了。由于孩子还小，还在成长过程，许多思维行为还很不成熟，这样就会大大小小的错误不断，父母应该给予相对的尊重和理解才是。由于许多父母不客观地要求孩子，在孩子犯错后便会苛责，甚至打骂孩子。

其次，还没有认识到孩子犯错后指责打骂孩子的严重后果。孩子犯错后，本身从内心深处就会进行自我否定。在外部环境中，又会遭到老师、同学、他人的批评、指责、嘲弄，这样孩子的自信心就会处在内外交困之中。要是父母，孩子最可亲可信的人，也加入到外人的行列中，对孩子进行批评指责，甚至打骂，这样就会雪上加霜，孩子做事的积极性将会遭受更加沉重的打击。许多父母因为都还没有认识到这一点，导致因小失大。

付彩霞在认识到自己的问题后，以后亮亮无论犯什么错误，她都会给予相对的尊重和理解。

有一次，亮亮帮助收拾碗筷，由于不小心，一摞碗碟全部落到了地上摔得粉碎，亮亮愣在那，一脸惊恐。付彩霞连忙上前："噢，没伤着就好，几个碗没什么大不了的，谁都有不小心的时候，以后小心点就是了。"亮亮点点头。"来，帮妈妈把扫帚、簸箕拿来。"

还有一次，亮亮陪妈妈买菜，到楼下的时候，他要帮妈妈把五斤鸡蛋提上楼，付彩霞看亮亮一脸诚恳的样子，便把鸡蛋递到了亮亮手上。可上到三楼的时候，亮亮不小心绊了一下，一袋鸡蛋整个摔在了楼梯上，变得稀巴烂，亮亮吓得蹲在楼道抱头哭了起来。付彩霞上前，摸着亮亮的头同情道："我知道你很伤心，换成我也一样。可是谁都有不小心的时候，谁都会犯错，妈妈也是一样……"

亮亮虽然成绩一直不错，但也有考不好的时候，初中由于物理学习不得法，一开始成绩也不好，付彩霞也始终给予相对的尊重和理解，从不批评指责亮亮，既然成绩不好，说明方法有问题，于是她便和亮亮一起找原因。

五、设身处地换位思考

　　有一位教授，女儿在美国求学多年，可是在美国宾夕法尼亚大学攻读医学和理学双博士学位期间，突发奇想，休学两年，回国内乐坛发展。面对这种情况，绝大多数中国父母都会感到不理解，甚至是百般阻挠。可这位教授却能设身处地从女儿的角度出发来处理此事。他认为女儿能半夜起床作曲，说明她有艺术灵感，有艺术创作的冲动，这才是女儿真正的兴趣之所在。作为父母只有尊重孩子的内心真爱，才能让孩子用内心引领自己自觉前行。因此，这位教授不仅没有阻止女儿，而且对女儿的选择给予相对的尊重和理解。事实证明，艺术与科学是可以相互融通、相得益彰的。这两年，女儿在国内成功地举办了多场个人演唱会，录制歌曲专辑，拍音乐电视，还先后两次荣获中央电视台MTV大赛特别荣誉奖。

　　在我看了这则故事之后，内心久久无法平静，在如此重大的人生选择上，一位父亲能设身处地从女儿的立场出发，感女儿所感，思女儿所思，给予相对尊重和理解，实在是难能可贵。

　　有一次我到书店陪儿子买书时，看到不远处一个五六岁的小女孩正兴致勃勃地在五颜六色的图书前翻看，"妈妈我要这本！""妈妈我还要这本！"小女孩所挑选的都是动物、卡通类画书。而母亲却一把将小女孩手中的画书夺下，拿起一本如何写作文的书塞到小女孩手中说道："你不能总看这种书，这么大了，也该看点有用的书了。"

　　"不嘛，我就要买这两本……"小女孩哀求道，而母亲则坚决不同意，弄得母女二人都非常不快。

　　我注意了一下，小女孩要看的显然都是她那个年龄段适合的，而这位母亲为什么要固执己见呢？

　　为什么许多中国妈妈都在犯这样的错误呢？

　　首先，每个人在观察和体验世界的时候都会本能地从自我立场出发，以自我为中心。

　　其次，还没有认识到设身处地的重要性。

　　妈妈设身处地从孩子立场出发，自然就会放弃自身的立场以孩子为中心，以孩子自己的行为为标准，从而给孩子以相对的尊重和理解。

　　同时，妈妈设身处地从孩子立场出发，就会思孩子所思，感孩子所感，这样才能更好地尊重和理解孩子的心理需求，让孩子自觉朝正向发展。美国著名心理学家爱德华·桑代克说："父母只有站在孩子的角度去看问题，才能理解孩子的心理需求，而不武断地下结论，这样才能减少与孩子的冲突，赢得孩子的信任。"

　　许多中国妈妈由于都还没有认识到设身处地的重要性，自然也就想不到要这么去做，也就没有这么做的动力。

　　有一位高材生爸爸在这一点上就做得非常好。有一次，儿子发现他养的两条金鱼有一条翻了肚皮，他将鱼儿捧在手掌心，眼含泪水伤心道："爸爸，你看，金鱼死了。"

　　"死了就死了，不就是一条鱼呗。"妈妈随口说道。

　　爸爸连忙拉住妻子，使了个眼色说道："噢，金鱼死了，真可怜。这条金鱼小刚已经养了一年多了，成天给鱼喂食，已经有感情了，难怪那么伤心。爸爸小的时候也爱养鱼，有一天两条鱼都死了，也很伤心。"

　　后来，他和儿子在花盆中挖了一个小坑将死去的鱼儿埋了起来，然后在花盆边默默地站了两分钟，这时候孩子沉痛的心情才开始有所好转。当父子二人从阳台进来时，妈妈走过来，"你们两个还没有鞠躬、奏哀乐怎么就进来了？"

父子二人一下被逗乐了，"真气死我了……"儿子说道。

后来，他们又一起到花鸟鱼虫市场买了一条金鱼，并通过咨询了解到鱼儿死的原因是因为缺氧和水换得不够勤造成的。于是又买了氧泵，并每隔一天换一次水。

孙菊在这方面也走过一段弯路，后来在认识到自己的问题后便及时改变了自己的行为。

如有一次，雪儿与好友小花闹别扭，一个礼拜不说话，心里很难过，就跟妈妈谈起此事，正好爸爸也在跟前，插嘴道："不说话就不说话，有什么大不了的，小孩子家能有什么大不了的事？"雪儿的小嘴一下子撅得老高。而孙菊则设身处地从雪儿的立场考虑，两个人自上小学就经常在一起玩，无话不说，现在小花不理雪儿了，她肯定心里很难过，并在想解决办法。于是孙菊跟雪儿说道："小花是你的好朋友，现在跟你闹别扭了，不跟你说话了，雪儿心里一定很难过。要是换成我也一定很难过。"

雪儿点了点头。

"我相信小花也一定很难过。"孙菊问明了情况，然后又给雪儿支招："只要主动打个招呼，道个歉就可以了。"

果然，第二天雪儿放学回家时，苹果脸笑得像朵花似的。

六、蹲下来从孩子的角度看世界

在台湾，有一个年轻的妈妈带着一个大约三岁的儿子看漫画展。漫画自然是小孩子喜欢看的，年轻妈妈一边欣赏一边不停地给身边的小男孩讲解，这幅漫画画的是什么，那幅漫画画的是什么，而小男孩的注意力显然不在漫画上，却对展场中与其齐身高的防护栏格外感兴趣，不停地想用手去拉扯，一会儿又对一位女士挎包侧边挂的小玩偶产生了浓厚兴趣，两只黑亮黑亮的眼睛不停地在小玩偶上打转。这时年轻妈妈有些不高兴了，抱怨小男孩看画不专心，可小男孩还是不停回头张望女士挎包侧边的小玩偶。

"妈咪下次再也不带你看漫画了，你都不专心！快来，转过头来看这边！"年轻妈妈命令道。

小男孩的头终于转过去了，可小小个儿，仰着头看画，实在是辛苦，没一会就吵吵着要回去，"我不要看了！我不要看了！"

难道是这个小男孩和其他孩子不一样，不喜欢漫画吗？

当然不是。其实，这位妈妈只需蹲下来，设身处地仰着头看漫画，就能感受到孩子看画的艰难，而且只能看到缤纷的颜色，根本看不到漫画中的人物和全貌，当然不感兴趣了。年轻妈妈只要把儿子抱起来，让儿子从大人的角度去看漫画，孩子很快就能喜欢看画。可这位年轻妈妈自始至终都没有想到蹲下来。由此可见，设身处地，只是假设自己是孩子还不够，由于妈妈与孩子的身高存在着巨大的差距，常常还需要蹲下来，从与孩子一般高的角度去观察和体验外部世界，这样才能更好地感受孩子的世界，从而对孩子的表现给予相对的尊重和理解，这样自然也就不会责怪孩子了，还可以及时采取有效对策。

有一次我跟表妹谈到了此事，她深受启发，为了更好地从孩子的立场感受世界，她此后在与女儿相处时都尽量蹲下身来，有时甚至要趴下来。

就这么一个举动，表妹发现孩子的世界与大人的世界原来如此不同。孩子的世界更接近大地，他们更容易观察到的是地面上的花草、小昆虫、小沙粒，而且他们观察世界的时候，更容易看到局部，也看得更加细微。

"看看，地上的蚂蚁，在爬。"

表妹也连忙趴下来，跟女儿一起观察蚂蚁搬家。然后，再从孩子的视角，把这一局部放大，唷，蚂蚁的世界还真有意思，它们成群结队，好像在操场上做广播体操似的。难怪女儿看得这么入迷。哎哟，这还有块骨头，蚂蚁在上面爬来钻去，噢，这就叫"蚂蚁啃骨头"。那天，表妹和女儿，趴在地上足足观察了一小时的蚂蚁。

七、多想想自己这个年龄能干啥

　　星期天在我在西湖公园散步，看到表妹带着女儿来公园游玩，女儿娜娜对秋千产生了兴趣，可当我把她放到上面，由于秋千摆动，娜娜浑身收紧吓得惊叫了起来，"妈妈，妈妈，我害怕，我要下来……"表妹连忙把女儿抱下来。可当她看到我轻松而又自在地荡着秋千又露出了羡慕的表情："舅舅，你真行，你荡得好高哟！"看娜娜一脸羡慕的样子，我让娜娜坐上来再试试，娜娜点点头，"其实你用不着害怕，只要把两边的绳子抓紧了就不会掉下来。"我又再次把娜娜抱上秋千。

　　这次娜娜坐在上面虽然还是有些紧张，但比刚才放松多了。她紧紧地抓住两边的绳子，扭动着小屁股，想让秋千摆起来，可秋千整个不听她使唤。看着女儿艰难的样子，站在一边的表妹有些不耐烦地说道："我的宝贝女儿，你这哪里是在荡秋千，我看还是算了吧。"娜娜听妈妈这么说就更没信心了，正要放弃时，我看了表妹一眼连忙上前说道："其实，妈妈不是那个意思。娜娜一开始就能这样已经很了不起了。我像你这么大第一次荡秋千的时候，连上都不敢上，勉强上去了吓得浑身发抖，像你这样还能晃悠几下已经很了不起了。"

　　"是啊，像你这么大我第一次荡秋千的时候也是这样。"有些听出意思的表妹连忙改口道。

　　得到妈妈的肯定后，娜娜的信心很快又恢复了。

"对，就这么抓紧了，屁股用劲，放心使劲用力，对，这不就一点一点起来了。"

在我的指导下，娜娜的秋千也开始一步一步荡悠了起来，已经逐渐找到感觉的娜娜越荡越高，一脸兴奋，两个小辫也像秋千一样荡漾着，"妈妈，看我荡得高不高？"

"哎呀，我们的女儿真了不起，我和舅舅像你这么大的时候比你差远了……"

事后，我给表妹讲道：我班上有一个学生，平时物理学得不错，期中期末考试，不是第一就是第二名，可在一次全市物理竞赛选拔落榜后，物理成绩大步倒退，其他各科成绩也明显倒退。我把这个同学叫到办公室，通过深谈才知道，那次选拔赛是由于审题不清导致两道大题做错才没有被选拔上，一直对他期望很高的爸爸，听说他没有被选上，一下子脸拉得老长，还说了许多伤人的话。本来落选心里就不是滋味，爸爸又说那样的话他的心理更是倍受打击，加上爸爸不仅不安慰他还一天总拉着个脸，让他心生怨气，他也因此变得越来越不爱学习了。

知道原因后，我第二天就把这位学生的爸爸请到学校来，毫不客气地问道："难道你上学考试在审题的时候就没有失误过吗？难道你每次考试就都能拿到好名次？"学生的爸爸愣在了那里，半天没有回过神来，突然拍头道："我真浑哪！"学生的爸爸回到家里，当晚便郑重其事地向儿子道了歉，不仅父子关系得到了改善，不久儿子的学习又重新步入正轨。

"试想，你要是也继续像我这位学生的爸爸那样，娜娜的秋千还能荡那么高吗？记住我说的话：在孩子什么事情没有做好时，在孩子犯错时，做家长的应多想想自己这个年龄能干啥？这是一位英国教育家说过的一句名言。"我说道。

表妹陷入到了深思之中。

其实类似的事情在我们的身边不断地发生。同事上初中的儿子放学玩耍的时候把才买的一个电子词典给丢了，同事气得直骂儿子是败家子，儿子伤心得直抹眼泪，"我怎么丢了一个电子字典就成败家子了？"

我笑着问同事："难道你小的时候就没丢过贵重的东西吗？我记得你去年把自己的笔记本电脑给丢了，急得到处找，又何必如此苛责一个孩子呢？"

同事恍然大悟。

有一次下班回家，看到一位父亲不听妻子的劝告，一定要收拾自己十岁的儿子。原来是儿子在踢足球的时候不小心打碎了人家的玻璃，"不行，我就是要好好教训教训这个臭小子，让他长长记性，省得隔三岔五给老子添乱子！"

我上前只说了一句便把他给止住了，我说："在孩子什么事情没有做好时，在孩子犯错时，做家长的应多想想自己这个年龄能干啥！"

男孩的父亲听完这句话，立马鸣金收兵，挠着头一脸羞愧难当的样子。这位父亲是我小学同学，小的时候也是一个经常上房揭瓦的主。

八、越是急于改变孩子，孩子就越不可改变

在我家对面楼上，有一段时间每天晚上都能听到一位父亲管教儿子时的怒吼声："这道题已经给你讲过几遍了，怎么稍微变一点又不会做了！""我给你讲题你的眼睛在发愣，你到底听着没有？""再做一遍，要是再错了别怪我不客气！""怎么又错了！"随着是拍桌子声，打孩子的噼啪声，儿子的哭喊声，妈妈的劝阻声，乱成一团。

这位父亲是一家公司的经理，毕业于某名牌大学，平时待人斯斯文文，也是一位非常用心的父亲，自从他开始教孩子功课，脾气就越变越烈，经常搅得左邻右舍不宁。这到底是为什么？

表面上，是孩子的一些错误行为屡教不改，引起父母的愤怒。其实，每个孩子在生活和学习中都存在这样那样的问题，许多行为也经常是屡教不改。

晶晶本来是一个反应快做事利落的孩子，可写作业时一会儿吃点东西，一会儿喝口水，时而又拨弄两下电视，显然是注意力不够集中，这是导致晶晶写作业慢的主要原因。一开始，庄明兰也耐心地跟晶晶说，一起分析原因，让她认识到这样做的危害。每次说的时候晶晶都是直点头，到时候却又是老样子，次数多了，庄明兰也曾一度失去耐心，吼叫过晶晶："你怎么这么不自觉啊！"

父母为什么对孩子屡教不改的行为要大发脾气呢？

首先，中国父母普遍还没有客观地认识到，孩子的行为调整有一个漫长的过程，不是嘴皮动一动，说一说，一朝一夕就能完成的。这就像事物的生长都有一个过程，小树苗长成大树，需要随着时间的年轮一圈一圈地生长，不可能一蹴而就。孩子的心理行为成长也是一样，也要有一个由不成熟逐步走向成熟的漫长过程，这需要一点一点慢慢来，这样才符合万事万物的自然生长规律。而许多中国父母普遍都还没有认识到这一点，认为说了就应该起作用，就应该立竿见影。由于不客观地要求孩子，导致因孩子行为调整过慢而苛责孩子。

其次，调整孩子行为的方法不得当，导致孩子的一些行为长期无法调整过来。

那么又该如何解决这一难题呢？

这让我想到了一位上海高材生父亲的教子故事。一天，高材生父亲看到儿子正在和一个小朋友吵架，脏话连篇。

这位父亲一向对小孩子说脏话反感至极，可他并没有因此而责骂儿子，而是先对儿子的行为给予相对的尊重和理解，然后心平气和地跟儿子说："你刚才说的是什么呀？从哪学来的？难道你不知道这是骂人的脏话吗？"

儿子的脸一下红到了耳根，低头不语。

"我知道你是一个有教养的孩子，才不会跟同学去学那些骂人的脏话。那多难听啊。"

回到家中，父亲只是私下里跟妻子说了此事，然后一起商定了对策。而在儿子跟前就像什么事都没有发生过似的，对此事只字未提。同时，他尽可能强化正向引导，每当发现孩子在待人接物上有好的表现时就大力赞扬一番。如看到儿子在公交车上主动给老人让座，他们就会不失时机地赞扬："看我们儿子多懂礼貌，今天坐在车上主动给老人让座位。"当看到儿子在路上主动问候长辈，他们就会一遍又一遍地唠叨："看我们儿子多有教养，见着长辈能主动问候。"

在这么一步步引导的过程中，儿子的言行开始朝正向发展，不文明的语言自然也就越来越少。有时冷不丁还会冒出脏话，每当此时他们都是报以相对尊重和理解的微笑，从不指责，顶多提个醒"进步很大，但有时还是要注意一下"，儿子则不好意思地挠挠头。在这一过程中，儿子变成了一个懂得尊重人有礼貌的孩子。

由此可见，要想更有效地调整孩子的不成熟行为，首先要对孩子屡教不改的错误行为给予相对的尊重和理解，然后引导孩子朝正向发展，千万不能苛责孩子。

高材生父亲在这一过程中千方百计发现孩子在接人待物上的优点和进步，及时地给予赞扬，从而引导孩子朝正向发展，而对孩子的不良行为却尽量地淡化不提，从而让孩子从意识上逐步淡化及远离这一不良行为。而对面楼那位父亲和庄明兰在管教孩子时，总是揪着孩子的小毛病喋喋不休，责令孩子别这样、别那样，否则怎样怎样。结果这一不良行为在孩子的意念中反而被强化，不良行为的反向冲动更强烈，而正向引导却远远不够，孩子的不良行为就这么愈演愈烈。

我给庄明兰讲了上海高材生父亲的教子故事并剖析了原因后，她深受启发，开始对晶晶写作业磨蹭的行为给予相对尊重和理解，这样责怪的声音自然也就下来了，开始逐步淡化对晶晶这一不良行为的负面刺激，同时又加强正向引导。

"晶晶，想看动画片吗？"

"当然想了。"

"那就放学回家赶紧写作业，这样就可以一边吃好吃的，一边专心看动画片，这样多来劲，今天可有你爱看的动画片哟！"庄明兰说道。

晶晶扑闪着眼想了片刻，觉得妈妈说得有理，于是便开始加快写作业的速度。

"晶晶，想周末跟妈妈到公园去划船吗？"

"当然想了。"

"那就好好地写作业，这样周末就可以美美地去玩。"

"哎哟，晶晶现在比以前利索多了，不仅写作业利索，洗脸洗脚也比以前利索多了，妈妈真为你高兴喔……"

晶晶写作业、做事不仅开始自觉了，也比以前利索了。

初中时，晶晶迷上了电视连续剧，放学后或节假日经常长时间地泡在里面。庄明兰看到以后心里非常着急，心想要是晶晶能分出一部分看电视剧的时间在学习上，学习成绩会更好，这样考上重点高中的把握会更大。庄明兰跟晶晶谈了几次，晶晶嘴上应承，行动上还是外甥打灯笼——照旧。

此时的庄明兰已经有了处理晶晶写作业磨蹭的经验，先是对晶晶着迷看电视剧的行为给予相对尊重和理解，然后悄悄地开始加强正向引导。庄明兰经常有意无意地谈考重点高中的重要性——这就等于拿到进入名牌大学的入场券。不仅如此，她还和爱人有意制造竞争气氛，看哪些好学生已经开始快马加鞭了，走到某中学到处都是一片热火朝天的学习气氛，以此来激发晶晶自觉学习奋勇当先的动力。当晶晶开始用功时，庄明兰就和爱人不断地夸赞，"看晶晶又开始用功了……"

就这么晶晶到初三时开始全力加速，电视剧看得越来越少。最后，晶晶顺利考进了师大附中。

妈妈应学会倾听孩子讲话

联合国儿童基金会新闻官员查尔斯在"倾听儿童心声"的活动中表示："今天我们对'训导孩子'应有不同的看法，应转变为在动口说之前最好先用耳朵听，在这一过程中让孩子自觉自愿地倾诉心声。我们应该恪守这一准则。"

的确如此。在妈妈与孩子交流的过程中，往往是妈妈说得多，孩子说得少，往往是妈妈说、孩子听。其实，现在应该反过来才对，这样孩子才会敞开心扉，妈妈才能听到孩子的心声，及时掌握情况。孩子才能更好地听取妈妈的建议，与妈妈心心相印。

可妈妈具体又该如何倾听孩子的心声呢？

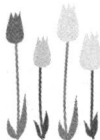

一、妈妈，妈妈，请把你的耳朵竖起来

一个七岁的小男孩每天在家总是不停地说这说那，不停地发表自己的看法，而妈妈却觉得他太吵了，经常对男孩吼叫："你给我闭嘴！"但孩子终究是孩子，虽然妈妈这么吼，他还是管不住自己的嘴巴，还是说个不停。

一天，小男孩放学回家，又对妈妈说起了他在学校里的趣事，一边说还一边发表着自己的看法。妈妈工作了一天，本来就很累，这下觉得更烦了，她冲着男孩吼道："你要是再唠叨没完我就把你的嘴用胶带封上！"

小男孩以为妈妈只是在吓唬他，安静了一会又开始了自己的演说，没想到妈妈这下动了真格的，真的找来胶带把男孩的嘴给封上了。

被吓坏的男孩从那以后一下子老实了许多，他在家里的话一下子少了许多，有什么事都装在心里不跟妈妈说，整个变了个人，母子之间的距离一下子拉开了，以前活泼可爱的样子不见了。

"这小子整天在家闷罐子似的也不知道心里在想些啥？"这时候妈妈才感到了问题的严重性，经常问这问那，可此时男孩的心里已经长了一把锁，经常是爱答不理的，把妈妈挡在门外。"我的儿啊，有什么就跟妈妈说，别这样好不好……"

还有一个十岁的小女孩，以前每天放学后，都会把学校里发生的趣事说给爸爸妈妈听，可妈妈觉得女儿说的话都是与学习无关的废话，浪费时间，因此每当小女孩兴高采烈地讲她的趣闻趣事时，妈妈总是气不打一处来：

"整天只会说一些废话，一点用也没有，你把心思放在学习上该多好，快去写作业！"

有一次，小女孩又在兴高采烈说她班里才发生的一件事，被妈妈凶狠地打断道："已经说了你多少次了，让你别说这些废话，你还说，再记不住，看我收拾你！"吓得小女孩赶紧把话收住，躲到了自己的房间。

慢慢地，小女孩的话在家里变得越来越少，每天放学后只是闷在房间里写作业，久而久之变成了一个沉默寡言的人，有什么事也总是闷在心里，整个没有了往日的欢快样。

为什么许多中国妈妈都会在不知不觉中犯这样的错误呢？

首先，中国妈妈普遍还不懂得尊重孩子倾诉的愿望。无论是成人还是孩子，在遇到高兴、烦恼、新奇有趣的事情时，都想说出来一吐为快，这是每个人天生就有的心理需求。

其次，还没有认识到聆听孩子说话的重要性。

妈妈要是能尊重孩子的倾诉需求，自然就能投孩子所好，这样孩子有什么也就愿意经常跟妈妈说，愿意向妈妈敞开心扉。妈妈也就能通过孩子这一窗口更多地了解孩子在生活、学习中所遇到的各种事情，以及孩子真实的想法，发现问题并及时采取有效对策。否则，孩子就会锁住心扉，将事情装在心中，与孩子沟通的渠道就会阻断。这样妈妈也就无法了解孩子在外面的情况，也就不知道孩子的真实想法，更不知道问题在哪里，许多事情就会被耽误。由于孩子的许多问题无法得到及时疏导，还会造成许多心理问题。

二、你会用"心"听孩子说话吗？

雪儿上二年级时，一天放学回家，兴高采烈地走到孙菊跟前："妈妈，今天我和小花在放学路上遇到了一件事，可有意思了！"

此时孙菊正在电脑前赶稿，要换成以前肯定先把雪儿打发开，好专心改稿，现在已经懂得倾听孩子说话重要性的她为了不伤害雪儿的积极性，便随口应道："噢，是吗？什么有意思的事说来听听。"一双眼睛又回到了显示屏上，手上还敲着字。

雪儿放下书包，便坐在妈妈身边噼里啪啦地说了起来。孙菊时而敲字，时而看雪儿一眼，时而"嗯、嗯"着。

雪儿讲着讲着，看妈妈这样，兴致也随之全无，"妈妈！我在跟你说话呢！"雪儿娇嗔道。

"噢，妈妈听着呢，你讲，你讲，你继续讲。"

"我讲，我讲，我讲的什么你都没听见，简直是白费口舌。那你说我刚才讲的什么？"

"噢，妈妈正在忙着赶稿，对不起……"

在孩子有话要跟妈妈说话的时候，妈妈一定要马上放下手中的活，专心致志地听孩子说话，不能一面听孩子说话，一面做其他事。再者，听孩子说话时一定要与孩子保持目光接触。否则，会让孩子感到心不在焉，会认为是对他的不尊重，这样会让孩子心生不快，导致交流中断。要是经常如此，孩子就会讨厌妈妈，不愿意把心里的话跟妈妈说。妈妈要是实在忙，一时放不下手中的活，一定要跟孩子讲清楚，然后再约个时间谈。

盖瑞·巧门博士在《倾力之爱》一书谈到与孩子的沟通技巧时也特别强调了这一点。

付彩霞也曾遭遇类似的事情。一天，亮亮小嘴撅得老高问她："妈妈是不是不喜欢亮亮了？"

"怎么了？"付彩霞有些丈二和尚摸不着头脑。亮亮告诉妈妈，刚才他在电视里看帝企鹅的故事，问妈妈帝企鹅为什么不怕冷时，妈妈只是一边看书一边说身上有毛。亮亮又问，它虽然有毛，可帝企鹅掉进了水里，浑身都是水怎么还不冷时，妈妈却头也不抬地说自己想去。

"噢，原来是为这事，以后亮亮找我说话的时候，不能再心不在焉了……"付彩霞心想。

三、打开孩子话匣子的钥匙

大志五岁时，有一天邵蓉和爱人怄气，下午一直阴沉着脸，"妈妈，你看我的火箭发射车被小虎摔坏了，我让他赔，他不赔。"大志眼泪汪汪地说道。

"噢，是吗？来，我看看。"邵蓉低沉着声音说道。

大志看妈妈脸色不对，问道："妈妈，你不高兴吗？你好像在生我的气，发射车真不是我弄坏的。"

"噢，大志我不是在生你的气，嗨，怎么跟你说呢？好了，你去玩吧，或者去看会漫画书，让妈妈一个人待一会儿。"邵蓉有些不耐烦地说道。

大志看妈妈这样，静静地离开了，眼角还挂着泪花。

孩子是来向妈妈倾诉心中的苦水的，爸爸才给他买的火箭发射车被邻居孩子小虎摔坏了，他正在伤心呢，而邵蓉的情绪却影响了孩子的倾诉，就像一个满脸阴沉板着面孔的老师和一个面带微笑的老师，学生又怎么会去找一个满脸阴沉板着面孔的老师去倾诉自己的心声呢？

因此，妈妈在倾听孩子说话时，还要注意整理好自己的情绪。

看着大志离去的背景，邵蓉一下子猛醒了过来，她做了几下深呼吸，然后到卫生间擦了把脸，指着镜子里的自己说道："笑，笑一笑。"

整理好自己的情绪后，她推开了大志的小屋，大志正无精打采地坐在小板凳上。

"噢，大志，还在流眼泪呢？"邵蓉蹲下来抹抹大志的头。

"妈妈，小虎坏，他摔坏了我的车，还骂人。我再也不跟他玩了。"大志倒在妈妈的怀里呜呜地哭了起来。

"噢，大志，我知道你很伤心。可伤心又有什么用呢？咱们看看能不能把车修好，好不好？"

然后，邵蓉和大志把摔下来的发射架找到，然后又一起用胶粘好。这下大志咧着小尖嘴笑了："妈妈，你真好！"

四、妈妈为什么就不能一下子生12个小亮亮？

　　好奇之心人皆有之，尤其是孩子，面对充满未知的世界，好奇心更强。孩子成长的各个阶段，随着思维的变化，好奇心也会随之变化，等过了问"这是什么"的阶段，就又开始问"为什么"。在孩子问"这是什么"的阶段，由于问题浅显，父母都能应付，普遍也都能耐心应答。可到了问"为什么"阶段，父母应答起来常常就不是那么容易了，尤其在孩子喋喋不休的追问下，父母又不知道该如何回答时，许多父母都因此失去耐心，就不愿意听了。

　　在亮亮四岁时，有一天爸爸单位同事来家作客，亮亮在电视中看到一头老母猪一次产下12只小猪崽，便眨巴着大眼睛打断爸爸的谈话，问道："爸爸，爸爸，我有一个问题想问你，可不可以？"

　　"有什么问题，尽管问吧？"

　　"为什么老母猪一下子能生12只小猪猪，而妈妈为什么就不能一下子生12个小亮亮呢？"小亮亮话音刚落，便惹得单位同事把刚喝进嘴里的茶水喷了出来，笑得前仰后合。

　　"那是因为你妈是人，不是猪。你见过有人一下子能生12个小人的吗？"爸爸耐住性子解答道。

　　亮亮摇摇头，可又问道："那小猪猪要喝奶，人也要喝奶，为什么一下子就不能生那么多小人呢？"

"这个，这个……"爸爸一时不知道该如何回答。

"狗狗也喝奶，萌萌家的狗妈妈一次生了7条小狗狗，为什么妈妈偏偏一次只生一个小亮亮呢？"

"这个，这个，去，去，去，一边玩去，你没看爸爸正在跟叔叔说话吗？"爸爸不耐烦拒绝道。

看着儿子噘着小嘴离开的身影，付彩霞一言未发。待客人走后，她给丈夫讲了这样一则故事。

在美国，有一个小男孩在上小学一年级时，在老师给学生讲"2+2=4"时，他却问老师："为什么要等于4？"老师有些生气地告诉他2加2就是等于4，并耐着性子用掰手指的方式，告诉小男孩两个手指加两个手指，合在一起就是四个手指，"1、2、3、4，你看，不就是4吗？"可小男孩还是不满意，还在喋喋不休地追问："为什么一定是4呢？"

这下老师不耐烦了，心想这孩子是不是脑子有什么毛病，这么简单的常识都搞不清楚，还要喋喋不休地追问。加上小男孩经常在课堂上喋喋不休地问这问那，搅得课堂不宁，于是便把小男孩的妈妈叫到学校，要求她把小男孩带回家。小男孩的妈妈是一位聪慧的母亲，不仅不同意老师的说法，还认为这正是孩子聪明过人的表现，为了不让孩子好奇的天性扼杀在这位老师的手上，便爽快地答应了他的无理要求，给孩子办了退学手续。小男孩的妈妈非常清楚尊重孩子好奇天性的重要性，好奇是孩子求知的内在动力之源，它能让孩子在这一过程中不断地学习到有用的知识，还能激发孩子探索未知世界的兴趣。而且，这还能让孩子在刨根问底的过程中，寻找到事物形成的原因，更有效地解决问题。否则孩子不仅只能学习到一点表层知识，还会变成一个大笨蛋。小男孩的妈妈也就是这么教育孩子的，后来这个小男孩成了改变世界的大发明家，他就是无人不知的爱迪生。

这则故事引起了亮亮爸的思考，"看来我就像那位不称职的老师，这样下去只会扼杀孩子好奇的天性，把孩子变成一个大笨蛋。"

许多父母其实也都在犯类似的错误。在孩子问"这是什么"的浅显问题时大多还能倾听，可在孩子喋喋不休地问"为什么"，追问深层原因的时候，回答起来就有难度了。这不仅是对父母知识水平的考验，也是对父母耐性的考验，许多父母就因此失去了耐心，听不进去了。

加上孩子所问的许多问题在父母眼里都是些常识，在孩子喋喋不休一再追问的时候，很容易失去耐心，一些父母甚至训斥孩子："这还用问，给我闭嘴，是不是脑子有毛病？"久而久之，便会导致孩子不敢问、不去问，许多孩子好奇的天性就这么被父母给早早地扼杀掉了。

五、原来是遇到"人贩子"了

有一年春节，庄明兰和爱人带女儿给领导拜年，哪想女儿不仅不打招呼，还一个劲地往爸爸身后躲，这让庄明兰感到很没面子，连忙把女儿往前拽，"这孩子怎么这么没礼貌，快……"而小晶晶是妈妈越拽越往后缩，紧紧地扯着爸爸的衣服，弄得非常尴尬，要不是在外人面前她早就修理女儿了。

其实，怕生是人的天性，对陌生的人和事物每个人都会本能地有一种恐惧感，尤其是小孩子。由于跟外面的人接触的少，别看在家里、在熟人面前活蹦乱跳的，一旦进入到一个陌生的环境，见着生人马上就会像老鼠见了猫似的。晶晶现在才六岁，妈妈应客观地看到这一点才会对孩子怕生的行为给予相对的尊重和理解，才不会过分地要求孩子。

庄明兰认识到了自己的错误后，以后走亲访友都尽量带上女儿，晶晶也因此逐步变得比以前大方多了，不那么怕生了。

周末，庄明兰和爱人带女儿到水上公园游玩，在入口处碰到了司机小刘，也和妻子带着孩子来玩。"来，小晶晶让刘叔叔抱抱。"小刘蹲下身，张开双臂。"不，我不让刘叔叔抱！"小晶晶本能地躲到了爸爸的身后。哎，这孩子不是跟刘叔叔挺熟吗？以前坐过好几次刘叔叔的车，前几天爸爸忙，没时间接，让小刘开车把女儿送到学校，不是和刘叔叔玩得挺好嘛，怎么几天不见又怕生了？

小刘也一脸疑惑。

"快让刘叔叔抱抱，不然以后刘叔叔就不让你坐他的车了！"庄明兰催促道。

晶晶在爸爸的身后藏得更严实了，庄明兰苦笑道："这孩子怎么越大越不懂道理了。"

"不是我不懂道理，是上次小刘叔叔说爸爸妈妈不要我了，他要把我卖给别人，还说要开车把我送到山沟里去……"说着小晶晶又开始抽泣起来。

"噢，原来是为了这事啊，那是刘叔叔在跟你开玩笑呢……"小刘一脸尴尬，可一个六岁大点的孩子却当真了。

庄明兰和爱人都笑了起来："难怪女儿见着你吓得直往后躲，原来是遇到'人贩子'了啊……"

通过此事，庄明兰又明白了一个道理：无论孩子出现什么问题，妈妈应静下心来多听孩子解释才是。这样才能找到原因，才能对孩子的行为更好地给予相对的尊重和理解，才不会错怪孩子。

还有一次，晶晶爸给女儿教生字，一首儿歌教了好多遍还是不能完整地背下来，这到底是怎么回事，以前不是这样啊？看着女儿左顾右盼的样子，晶晶爸有些开始不耐烦起来："一首儿歌到现在都学不会，我看你的心思早就飞到别的地方去了！"

"爸爸，该下课了。"小晶晶怯生生地说道。

"什么该下课了？"晶晶爸一看表，果然已经超时十几分钟了，原来在给女儿教儿歌前给女儿讲了一个笑话，占用了不少时间，小家伙脑袋哪能一下装那么多东西。问题原来出在这，"又差点错怪女儿，对不起，下课，下课，到楼下玩去……"

看着女儿活蹦乱跳离去的身影，晶晶爸心想：看来什么事真是要多听孩子解释才是啊。

六、什么？这小家伙先跑了！

一天，美国著名节目主持人林克莱特采访一个小家伙，问道："你长大了想当什么呀？"

小家伙天真地回答道："我要当飞行员！"

"呀，好大的志气。可如果有一天，你的飞机飞到太平洋上空，所有引擎都熄火了，你会怎么办？"

小家伙想了想说道："我先告诉飞机上的人绑好安全带，然后我挂上我的降落伞，先跳下去……"

"什么？这小家伙先跑了！"现场观众一个个笑得东倒西歪。

而主持人却没有妄下断语，他看到小家伙两行泪水夺眶而出。林克莱特继续问道："那你为什么要这么做？"

"我要下去拿燃料，好回来救飞机上的乘客！"小家伙说道。

现场顿时鸦雀无声。

是啊，应该等孩子把话说完再下结论不迟。可在现实中，许多父母就像现场的观众一样，在孩子还没有把话说完，就想当然对孩子妄下断语，这样的事情时常发生。

那为什么许多父母都会在孩子说话的过程中打断孩子说话，想当然下结论呢？这主要有以下三方面原因。

首先是缺乏耐心。据有关心理学实验，一般人平均只能聆听别人讲话17

秒钟，便有开口打岔或提出自己意见的冲动。

其次，自以为是，以为自己比孩子经历的事情多，有经验，这样在听孩子说几句话后，很容易就会做出自以为是的判断。其实孩子的思维与成人思维往往是不一样的，导致父母的判断有许多是错误的。

再次，没有深刻认识到，打断孩子说话，急于做出判断将会造成的不良后果。这会引起孩子的反感，经常如此孩子就会关上心扉，不愿跟父母说话了。

七、孩子有心事不说怎么办？

上小学二年级的小强近来有些反常，总是闷闷不乐的，好像有什么心事，问他也不说。"小孩子家又能有什么心事？"爸爸说道，可张洁心里总还是感到有些不踏实。

一天，小强回来，又是闷闷不乐的。"小强，有什么不高兴的事，能跟妈妈说说吗？"张洁剥了个香蕉递到小强眼前，小强推开香蕉一言不发。

"小强，妈妈知道你近来不开心，有心事，难道还不能跟妈妈说吗？"

"妈妈，我不能跟你说，我真的不能跟你说，说了他们会打断我的腿的……"小强爬在床上呜呜地哭了起来。

原来有三个高年级男生，近来天天在校门口拦他，朝他要钱，威胁要是不给钱就打，要是把事情告诉老师或父母就把腿打断，这就是小强近来闷闷不乐的原因。

孩子并不是什么事都会主动跟父母倾诉的，这个时候就需要妈妈主动问话，让孩子自觉自愿地敞开心扉。张洁通过主动问话，了解到事情的真相后，便将此事告到了学校，小强的心事就这么得到了解决。

此时妈妈们最容易犯的错误是，不是看不到孩子的微妙变化，误以为没什么大不了的事，就是在孩子不愿意时，逼迫孩子把心里的话说出来，效果肯定不好。

表妹也很注意观察孩子的情绪，主动问话。

　　一天，娜娜放学回家阴沉着脸，不说话，好像是受了什么委曲。"女儿，怎么了，受了什么委曲？能跟妈妈说说吗？"表妹见状主动问道。

　　表妹这么一问，娜娜眼泪便扑簌簌地流了下来。原来，娜娜课间与一个女同学玩闹，不小心推了同学一把，同学把讲台上的花瓶碰倒了地上。同学见闯了祸连忙回到座位上，这时老师进来，以为是娜娜所为，不仅当着全班同学训斥了娜娜一顿，还责令她赔偿。娜娜一时不知道该如何解释，只是感到委曲，老师为什么不把事情问清楚，只批评她一个人？她就这么课也没心思听了，一直闷闷不乐。

　　表妹知道事情的原委后，便开导女儿，这件事她首先也是有责任的。老师只怪她，是因为只看见了她，以为是她碰的，加上要上课，没时间调查。只要找时间跟老师解释清楚就没事了。

　　女儿闷在心里的事情就这么解了。

　　第二天娜娜放学回家，又像往日一样活蹦乱跳。

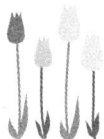

八、孩子的隐私就像是一枚炸弹

有一个叫梅梅的初中女生，常通过写日记来倾诉自己的心声。妈妈担心青春期的女儿早恋，多次偷看女儿的日记。女儿发现日记被人动过，便放了个纸条，上面写道："偷看别人的日记是侵犯公民隐私权，是不道德的行为！"这下可闯了大祸，妈妈当着她的面把抽屉打开，说在家里没有什么公民，身为家长，为了保护未成年人，她有权看女儿的日记！

梅梅悲痛万分，那一夜把她的日记全部都烧了，她发誓以后再也不写日记了。母女之间的隔阂也因此更深了，梅梅开始把自己裹得更紧了。

上初三她又找到了一个宣泄渠道，就是QQ聊天，家里没办法上网，就撒谎逃学到网吧上网，后来在网上结识了多个男孩子，走上了歧途，初中没毕业就流落到了社会。

这件事引起了我的深思，为什么许多中国妈妈都要偷看孩子的日记呢？

首先是许多妈妈还不知道要尊重孩子的隐私。据心理学研究，小孩子通常在5～6岁时就有这一意识了，而许多妈妈都还没有认识到，自然也就不知道要尊重孩子的这一心理需求了。

其次，是传统观念在作怪。我是家长，你是我的孩子，我有权知道你的任何事，一个小孩子家能有什么隐私？

再次，害怕孩子误入歧途，尤其在孩子进入青春期后，就更如此了，生怕孩子出什么差错。

梅梅妈妈就属于这种情况。

可妈妈们却没有想到，窥探孩子的隐私，会引起孩子的极度反感，孩子会把自己的心灵大门紧紧地关上，而且越是要窥探，孩子包裹得就越紧，这样在与孩子沟通中就会出现障碍。

可要是有些事情孩子不跟父母说，误入歧途怎么办？

没有别的办法，妈妈只有尊重孩子的隐私，然后注意及耐心听孩子倾诉，这样孩子才会自觉自愿地打开心扉，把心中的小秘密告诉妈妈，妈妈此时再点拨不迟。

文文刚开始写日记的时候，总是要妈妈爸爸看，不看还不行，"妈妈你看看我这篇日记写的怎么样？"

上四年级，文文却向他们宣布："我要有自己的小秘密，以后我的日记不让你们再看了！"

宋诗诗和爱人尊重文文的决定，不仅给文文买了带锁的笔记，还给文文的抽屉上了锁。

上初中后，有一段时间文文抽屉、日记都不锁，宋诗诗提醒她，文文却说这是因为她相信爸爸妈妈不会偷看。

有一天，爱人却对文文的日记打起了主意，近来总有男生给文文打电话、发短信，会不会是……现在中学生早恋得不再少，上周报纸不是有一篇报道，一个初二的女生已经做过两次人流。

"你放心好了，咱们文文不会。"宋诗诗笑道。

"不会？怎么不会？你没见咱们的女儿长得很可爱吗？还是未雨绸缪好。"爱人说着便拉开抽屉要伸手去拿文文未上锁的日记。

"别动，那可是一枚炸弹！会把文文和你我的亲情关系炸飞，文文的心扉会从此会对父母关闭！"

爱人像触电一般把手又缩了回来。

宋诗诗深知窥探孩子隐私的后果，并给爱人讲了其中的道理。爱人听后叹息道："看来这的确是枚炸弹，可文文真要是早恋怎么办？"

宋诗诗告诉丈夫，只有尊重孩子的隐私，然后孩子才会敞开心扉。

文文上高中时，喜欢上了班上的一个男孩子，她便将这个秘密悄悄告诉了妈妈，在宋诗诗引导下，不久便摆正了考大学、学习与恋爱的关系，走出了误区，顺利考入北大。

妈妈应学会把"我要"变成"孩子要"

　　教育要多给孩子自由，但不等于放纵，让孩子像野草一样的生长，它的目的是更好地引导孩子成长。

　　那么具体又该如何实现这一教子目标呢？

　　办法只有一个，就是顺着孩子的自然天性和兴趣一步一步正向引导孩子自觉地走向成熟。

一、以孩子正面的人生梦想为前导

一天，邵蓉和爱人带大志走到滨河马路上，大志扬起下巴指着穿梭不息的车辆说道："我长大了要做摩托车，跑得快快的。"

"只有傻瓜才想做摩托车，被别人骑来骑去，多不好。"爸爸否定道。

"那我想做《西游记》中的白龙马，又高又大，多威风。"

"做马呀？看起来威风，实际上也是被人骑来骑去，也不好。"爸爸又否定道。

"那，那，那我该做什么？那我就做骑马的人，就做骑手，骑着马儿快快地跑！"大志想了一会又说道。

"你看你小小的又怎么能骑马呢？搞不好把你的胳膊摔断。"爸爸又否定道。

这时，邵蓉白了爱人一眼说道："谁说我们大志不能做骑手？我们大志长大了一定能做骑手，妈妈相信你一定能行。但你从现在开始就要好好吃饭，不能挑食，这样才能长得高高的，壮壮的，这样才能做骑手。大志你说是不是啊？"

"噢，是嘛，妈妈，我知道了，那我可要好好吃饭，不挑食。"

事后，爸爸置疑妻子："孩子的想法那么幼稚，你还支持他的想法，这合适吗？你看大志那样，就像他爸我一样，瘦瘦弱弱的，是当骑手的料吗？"

其实，爱人前两句说的是对的，但第三句说的是错的。为什么这么说呢？

　　每个孩子都有人生梦想，想成为什么什么，此时父母一定要注意顺着孩子的志趣做好引导，对于孩子人生发展会起到负面影响的要及时予以否定，应及早打消孩子的念头。

　　大志前两个人生梦想，做摩托车、做白龙马，都会失去作为一个人的独立自主性，不是一个好的人生梦想，爸爸及时给予否定，打消孩子的念头是对的。

　　在我的班上有两个男生崇拜成龙、甄子丹，于是模仿他们的发型、着装以及"侠客"风范，耍酷，崇尚用拳头、武力解决问题，结果经常与同学打架斗殴，惹是生非，本来两个挺不错的学生，结果变成了老师嫌同学厌家长愁的"马蜂"。最近听说有一个要弃学到少林寺拜师学艺。

　　但对孩子人生发展能起到正向引导作用的人生梦想，父母就要及时给予肯定，给予支持，相信孩子能行，不管孩子的想法多么幼稚可笑，多么不合自己的心意，都应以此引导孩子自觉改善行为状况，让孩子逐步地成熟起来。

　　邵蓉的姐姐、姐夫都是医生，希望女儿娟子以后也学医，而娟子从小却对音乐着迷，长大了想当一名歌星，经常一边听一边哼唱，每当在电视上有什么演唱会，娟子都必看无疑。

　　有一天，娟子正在看演唱会，姐姐上前凶狠地把电视关掉，责令以后不许娟子再听这些东西，否则就把电视卖了，把她的MP4也没收。并告诫娟子长大必须学医，因为父母都是学医的，都五音不全，她在这上面没有天赋。这下娟子不干了，又哭又闹，以不学习抗拒，学习成绩直线下滑。

　　那为什么许多父母都在犯这样的错误呢？

　　这首先是由于许多中国父母还没有认识到尊重孩子志趣的重要性，它可以引领孩子自觉朝正确的方向发展。孩子为了实现自己的人生梦想，就会自觉地调动精气神朝这个方向发展。

　　许多父母常常把自己的好恶强加到孩子身上，自己喜欢医学，在医学上有所成就，就希望孩子以后也学医，走父母的路，这样各方面也会更顺，这完全可以理解。可孩子不感兴趣，就会抗拒，当然也不可能自觉主动去做。

　　再者，认为孩子的想法很天真，不切实际，这样就会对孩子积极的人生

梦想加以否定。其实，哪怕就是完全不切实际，只要它能起到正向引导作用就可以。况且，孩子的梦想经常是变的，今天要当这，明天要当那，会在逐步的选择中越来越切实际，这有一个过程。

可孩子要是真走向了父母内心所不希望的行业怎么办？

其实，这有什么不好？难道只有做医生才是唯一最佳的选择吗？古人言三百六十行行行出状元，现在的行业不知道有多少行，数都数不清。著名华人导演李安走上他父亲从骨子里就反感的电影行业，不也是取得了巨大成就吗？

邵蓉当然明白这些道理，在与爱人深度沟通后，两人很快便达成了共识。

上小学一年级时，大志看完电影后说他想做蜘蛛侠。爸爸回答他，蜘蛛侠是做不成的，因为蜘蛛侠是导演虚构的，人要是像蜘蛛侠那么爬早八辈子就摔死了。

大志又说他要做武打明星，像李小龙那样。爸爸又摇摇头说，那你也做不成，你知道吗，李小龙练截拳道三十多岁早早就死了。

"是吗？那我不做武打明星了，我做足球明星行不行？"

"嗯，大志这个想法好，爸爸支持你，相信你一定能成为一个足球明星。不过你真要想成为球星就要注意锻炼身体，这样才能跑得快，腿上才有劲，才能把球射进门。还要好好学习，你知道吗，那些球星都是有知识有本事的人。大志你说是不是啊？"

"爸爸，我知道了。"

大志就这么开始学踢足球，学习的劲头也上来了。

孙菊也很善于用孩子的人生梦想正向引导孩子。有一次雪儿玩过家家，要给她的布娃娃打针，说她长大了要当医生，不仅能给布娃娃看病，还能给爸爸妈妈看病。孙菊听后应道："雪儿长大了要当医生啊，好有志气哟！不过你要想当医生，就要好好吃饭，吃完饭了把小手洗干净，平时要注意卫生。否则，在给人打针的时候，把自己身上的病菌带到患者身上怎么办呀！雪儿说对不对呀？"

"妈妈说的对，要注意卫生。"

二、司有和的早期诱发理论

一些妈妈可能会问，要是自己所期望的人生志趣在孩子身上一直没出现又该怎么办？

小强五年级获得三好学生荣誉后，张洁就开始暗自思索一个问题。小强再过一年就要升初中了，中学生跟小学生有本质的不同，小学生没有什么升学压力，学的东西就那么一点，可以玩、学、特长班并举，进入中学就大不一样了，有中考、高考，都是孩子人生路上的重要关口，再者功课多，深度开始加大，此时就要以学习为中心了，玩、特长只能作为休闲娱乐，扮演辅助学习的角色。这就要求妈妈在教育孩子的过程中，让孩子有更加明确的学习目标，以充分调动孩子自觉学习的积极性。否则，孩子在学习上就会主次不分，甚至学与玩主次关系颠倒，这都会严重地影响到学习。可又该如何给孩子设定具体的学习目标呢？

父母设定学习目标肯定不行，如要求孩子考重点高中、名牌大学，这是家长要孩子学，孩子是被动学习，学习起来就会不自觉，效果肯定不好。最好是让孩子自己脑子里产生学习目标，这样孩子就会自己要学，学习的积极性就会焕发出来。可又该如何解决这一难题呢？

张洁有一次来到我的办公室，谈起了此事。这让我想到了著名教育专家司有和的教子故事。

司有和是国内第一个提出早期诱发理论的学者。该理论的核心是通过诱

发孩子的人生梦想等非智力因素来调动孩子自觉学习的积极性，以达到提高学习成绩的目的。

司有和在教子中也遇到了同样的难题，也一直没有找到好的办法。一年放寒假，他带儿子东子一起回乡过年，上车前把他才编写的《中国科技大学少年班通讯》递给东子，上面介绍的是中国科技大学少年班大学生的事迹和趣闻，看看能否诱发儿子要考名牌大学的人生梦想。东子接过书后不经意地翻了几下便产生了浓厚的兴趣，在车上也一直在看。在乡下东子把书看完了，司有和并没有追问东子读后感，而是耐着性子观察孩子的变化。

就在这年寒假结束后，东子突然问他："爸爸，你能不能给我问一问，明年我能不能报名考少年班？"

哇！诱发成功了！司有和兴奋极了，多少天啊，他一直在苦苦等待着这句话啊！兴奋之余又不禁热泪盈眶。

经了解，东子正好符合条件。"成功，从梦想开始。"理想是人生的灯塔，东子的学习积极性倍增，最后以优异的成绩实现了梦想。

司有和的早期诱发理论及教子故事，让张洁深受启发，那么是不是也可以诱发小强考名牌大学——如北大清华的人生梦想呢？又该如何实现呢？

经过一番讨论，东子是靠看少年班大学生的事迹和趣闻从脑海中萌生考少年班志趣的，她又为什么不能如法炮制——通过给小强讲北大清华高材生的事迹和趣闻而让小强萌生要考入北大清华名校的志趣呢？

于是我送给了张洁几本介绍北大清华状元事迹的书，让她从中搜集一些事迹和趣闻，尤其是当地历届考入北大清华的高材生事迹和趣闻，如毕业于兰州二中的李浩杰，毕业于皋兰一中的陈歆，让她将这些故事讲给小强听。

就这么一直到上初一，有一天小强放学回家问张洁："妈妈，中国最好的大学是不是北大清华？为什么那么多高考状元都要上这两所大学？"

"没错，北大清华是中国两所最好的大学，因为它们最好，所以许多高考状元都要上。"

"妈妈，我以后也想上北大清华，你看行吗？"

"嗯，我们小强就是有志气，学习也一直很用功，一定能行！"久久期盼的这一天终于到来了，此时她的感觉和司有和一样。

自此，小强的自觉学习劲头一下子上来了。为了进一步正向引导小强，张洁跟小强说，要想考北大清华，最好首先要考上重点高中，这样考入北大清华的可能性才会更大。然后张洁又举出事例，许多高考状元都是从当地的重点高中考上的。

"妈妈，你说的没错，接下来我最好能考重点高中……"

三、这样跟孩子定目标，孩子才干劲足进步快

浙江金华一名男生初升高考进了学校重点班，高一上学期成绩在班上是倒数第二，通过努力，高一下学期，他的成绩一跃进入前10名。母亲喜出望外，要求儿子每次期中期末考试成绩都要前10名，可高二第一学期期中考试成绩他掉到第18名，母亲得知后将儿子暴打了一顿。儿子喜欢踢足球，母亲却对儿子说："以后你要是再去踢足球，我就打断你的腿！"

儿子感到母亲要求的目标太高，无法实现，非常压抑。一天，儿子放学回家想看一会电视，母亲又提醒儿子期末考试一定要考入前十名，儿子回答说："很难考的，不可能考得到。"但母亲不退让，一意坚持，母子之间再次发生强烈冲突，绝望中儿子操起榔头将母亲活活砸死。

这位妈妈在这一问题上犯有多项错误，但有一点是根本的，她在要求孩子如何如何，非孩子所愿。妈妈要是通过与孩子商量，让孩子自己定目标，情况就会大不一样，此时目标就是定得高一些他也能接受，且正向动力更大。

我班上一个叫李婷婷女生的妈妈情况有些类似。妈妈是名牌大学毕业生，在一家银行任高管，一开始也是对女儿高标准严要求，不仅要求女儿做事利落，生活自理，还要求她学习成绩好。要是达不到要求，轻则斥责，重则打骂。上初中后，妈妈为她制定的阶段性学习目标是考重点高中，重点大学。这看起来没什么错，可问题是这都是妈妈自己的期望，并非女儿所愿，产生强烈的抵触和畏难情绪在所难免，导致李婷婷开始厌学，成绩大步倒退，而妈妈认为是女儿不用功，还是继续逼迫女儿。李婷婷痛苦万分便找我诉苦，寻求解决办法。

我知道情况后，便把婷婷妈妈请到学校，一针见血地指出了她的问题，并告之要是不悬崖勒马将会毁了女儿的一生。

婷婷妈妈认识到自己的问题后，便改变以往的做法，开始与女儿商定学习目标。女儿的平均成绩只有75分，她就跟女儿商量："我知道你也想成绩优秀，希望能考上更好的高中，但你目前的状况很危险，不过没关系离中考还有一年，有足够的时间，只要每次进步一点点，两年下来就是一个不小的进步。"

"那怎么才能每次进步一点点呢？"妈妈态度的转变也带来了女儿态度的转变。

"我是这么想的，不知道对不对，下一次考试的时候平均成绩能不能进步5分？"

李婷婷考虑了一下，称应该问题不大，妈妈也认为女儿完全具备这一实力。婷婷妈妈就是这样用商定学习目标的办法（每次提高5分）在一步步地引领女儿前进。李婷婷一反常态，学习态度立即来了个180°的大转变，不仅学习自觉主动了，自信心也上来了，结果考上了师大附中。

亮亮考上一中后，在近500名学生中年级排名为85位，付彩霞就跟亮亮商定高中阶段确保100名以内，争取进入前50名。由于这是商定的，自然也就在孩子能够接受的范围以内，这样亮亮也就有了下一阶段具体的学习目标、方向及动力。

每次亮亮考完试，付彩霞都要和亮亮一起分析考试中的得与失，有一次发现要是把其中该得的分得到了，年级排名就可以进入前20名，这让亮亮大吃一惊，随后她又趁机与孩子商量下一步的学习目标能否定在20名以内？亮亮自然是欣然接受。亮亮的学习更加自觉和认真了，回家电视都很少看了。就这样付彩霞又一步步将学习目标商定为进入前10、前5名。

四、做"南风"不做"北风"

我班上有一个叫李俊的男生，成绩本来还不赖，处于中上游。可妈妈对他的管教十分严格，从来没有表扬过他，他听到的永远都是指责，"为什么进步这么慢？""为什么离第一名差那么远？"

有一次，他好不容易数学考了102分，本想妈妈肯定会很高兴，没想到妈妈却问他班上最高分是多少，他说是118分，妈妈立刻把脸拉了下来，批评道："比第一名差了16分，有什么好高兴的，有本事你也给我考个118分来看看？"就像被迎头拨了盆冷水，李俊的心也一下凉到了脚底。

不只是对学习成绩如此，对他的其他各种行为表现妈妈也常常不满意。他多么渴望得到父母的表扬或肯定啊，可父母总是按照自己的标准要求他，满眼看到的都是他的缺点。久而久之，李俊学习的热情越来越低，且越来越自卑，成绩跌到了中下游。

有一个叫小雨的女生，妈妈特别盼望她能考得100分。有一次，小雨终于得了100分，高兴极了，连忙回答告诉妈妈："妈妈，我终于得了100分了！"妈妈也一脸惊喜，当妈妈得知是自然课考了100分时，表情立刻变得不自然起来，"去，去，去，滚一边去，我看见你就心烦。"小雨的心也一下凉到了脚底，变得越来越不爱学习。

还有一个叫小雅的女生，妈妈也总是抱怨她这不行那不行，有一次小雅咬咬牙对妈妈说："你们别总是看不起我，我也有一门课经常得第一！"

"你还有第一？"妈妈满脸狐疑。

"当然了，我的劳动课经常能得高分！"

妈妈怒道："亏你还能说得出口！我看你将来只能是扫马路的料。"

菊菊一脸茫然，不知所措。

为什么许多妈妈都满眼睛看的是孩子的缺点，对孩子进行批评指责？

首先她们都是在用自我的标准来要求孩子，在孩子达不到她们的要求时，便心生不满，开始斥责、挖苦孩子。

其次是还没有认识到赞美的两项功效。

一则，它能树立孩子的自信心，焕发孩子自觉前行的动力和信心。批评指责天长日久会摧垮孩子的自信心。

二则，它能让孩子心机处在开的接受状态，使孩子更容易接受妈妈的提议。批评指责将会使孩子处于拒绝状态。

这就像法国作家拉丹写的那则宣言故事：南风北风比赛，看谁能把行人身上的大衣脱掉。北风一开始就拼命刮，企图一下子把行人的大衣掀掉，哪知，风越刮，天越冷，行人把大衣裹得越紧。南风则不同，它徐徐吹动，顿时风和日丽，行人热得受不了，很快就自觉自愿地把大衣脱了下来。结果是逞强好胜的北风输给了温文尔雅的南风。

教育孩子也是这样，妈妈对孩子越是批评指责，孩子就会把自己包裹的越严，坏毛病就会变成顽疾。相反，妈妈风和日丽，对孩子不断地进行赞美肯定，孩子的思维行为就会自觉朝正的方向发展，许多坏毛病就会在不知不觉中去掉。

许多妈妈由于没有认识到这一点，都在不知不觉中扮演的是北风的角色。

上述两位妈妈要是抓住孩子的优点和进步，加以赞美和正向引导，慢慢地就可以带动其他功课的进步，只是她们根本就没有这个意识。

五、中国赏识教育第一人周弘的做法

美国洛杉矶有一位父亲，在参加完家庭教育辅导班学习后，决定改变对待孩子的方式——即以称赞孩子的优点和进步来代替批评指责孩子的过失。

他说："当我们看到他们做的许多负面事情时，这非常不容易做到，要找些事情来称赞真的很难。我们想办法去找他们值得称赞的事情，这样做之后他们以前所做的那些令人不高兴的事，真的就不再发生了。接着他们一些别的缺点也消失了，他们开始照着我们期望的那样去做。居然出乎意料，他们乖得连我们都不敢相信。虽然我还是经常反反复复，但总是比以前要好许多。孩子做对的事情要比做错的事情多得多，这全是赞美的功劳。"

那么具体又该如何发现孩子身上的优点和进步呢？

中国赏识教育第一人周弘的做法与许多父母大不一样，他不像许多父母，总是盯着孩子的缺点，而是擦亮眼睛专找孩子的优点和进步。然后让这些星星之火，通过他的小题大做，使其形成燎原之势。

如周弘第一次让女儿做应用题，10道题她只做对了1道，换成许多父母早就两个巴掌上去了，而他则没有，他在错的地方不打叉，对的地方打一个大大的钩，然后发自肺腑地对女儿说："婷婷，你太了不起了！第一次做应用题就对了1道。爸爸像你这么大的时候，连碰都不敢碰唉！"

婷婷听了这话，自豪得不得了，越做越爱做，一次比一次做对得多，学数学的积极性越来越高，周弘又在这一过程中不断赞美女儿的进步，"今天做对的题比上次又多了一道"，小升初时，婷婷数学考了99分。

孩子写作文的时候，很多家长都习惯指出孩子作文中的问题，这个句子不顺了，这个字写得不对了，挑毛拣刺，还让孩子读范文，"你看人家能写出这么好的作文，你怎么就不行呢？"结果是孩子越来越没信心。

而周弘的做法又正好相反，他说孩子的作文再差总会有一个句子能写好吧？于是他就用红笔把女儿作文中写得好的句子划下来，吃饭的时候，让婷婷当着全家人的面朗读，他们一家人为女儿欢呼。慢慢地，就这么一句变成两句，两句变成三句，周弘又不断地赞美女儿的进步，婷婷自然也越写越爱写，写作文的积极性越来越高，作文水平自然也越来越高。

在对女儿的优点和进步不断的赞美中，婷婷的学习兴趣越来越浓厚，各方面都进步很快。小升初以全校第二名186分的成绩跨入了重点中学的大门。

试想，周弘老师也像许多中国父母一样板着面孔，整天在孩子身上挑毛拣刺，能把小婷婷教得那么好吗？

周弘的教子事迹给张洁以很大的启发。小强上二年级时，她开始教儿子写日记。那时小强会写的字不多，不会写的字就用拼音代替。他的日记很短，有时只有一两句话，甚至就几个词语。哪怕就几句话，几个词语，她也像周弘一样努力发现小强写得好的地方。

在这一过程中对小强的进步也不断给予肯定，"嗯，好句子越来越多，又有进步，不错。"

小强由此，不仅喜欢上了写日记，而且还喜欢上了写作文，写作水平节节攀升。

又如，小强三年级时，参加区教育局组织的演讲比赛，虽然平时调皮捣蛋，可由于是第一次登这么大的台，吓得一句话都说不出来，竟然在台上哭了起来，只得退场。

"这水平也来参加比赛，真可笑……"台下有人议论道。

爱人感到很是难堪，斥道："哭什么哭，也不嫌丢人，平时的捣蛋劲哪去了？"

而张洁此时苦恼的是该从何处赞美一个登台一句话没说就哭鼻子退场的男孩呢？这的确很难，可她很快便有了主意，她上前给了小强一个拥抱，并对他说："没关系，你能站在台上就已经很好了，妈妈为你骄傲，妈妈第一次登台腿肚子直打颤。"

在妈妈的鼓励下，小强很快便恢复了平静及自信，张洁找评委，请求再给小强一次机会。这一次，小强站在讲台上，进行了流利的演讲，那次演讲比赛，小强取得了鼓励奖。

接下来，张洁又开始夸小强在语言表达上的进步。

小强三年级被评为班级卫生管理员，负责检查卫生及清扫用具的摆放，很是自豪。张洁的第一反应是不屑一顾，"我还以为当了班长或学习委员了"。可她马上把已经到嘴边的话又生生地咽了回去，"是吗？小强，表现不错嘛！妈妈祝贺你！只要好好学习，继续努力，以后我们小强还可以当学习委员、三好学生、是不是啊？"

小强咬紧牙关，自信地点点头。

六、妈妈虽笨，但还会下棋

在高材生家庭教育的多年研究中，我发现激将法也是一条重要的引导孩子正向发展的有效方法，它尤其适用于男孩。这是因为男孩往往有很强的自尊心，逆反心理强，这样妈妈正好可以利用男孩的这一特点，让孩子在不知不觉中落入自己的"圈套"。许多高材生妈妈都在用这一方法。

大志上二年级时，邵蓉想让大志学中国象棋，以开发孩子的智力。可周围的孩子都在学围棋，上围棋班，很少有孩子学中国象棋，她尝试着劝导了几次，大志的大圆脑袋摇得像是拨浪鼓。难道就再没有什么好办法了吗？

用管教的方式要求孩子肯定不行。周末，午饭后，邵蓉和爱人下起了象棋，大志被下棋声吸引了过来，在观战中不自觉地就站在妈妈一边，每当妈妈吃爸爸棋子的时候就兴奋地不得了，邵蓉一连赢了爱人两盘，大志一阵阵欢呼："妈妈真厉害，又让爸爸投降了！"

可接下来，邵蓉又连输两盘，急得大志直跺脚："妈妈真笨，怎么又输了！要是再输我就不看了！"

邵蓉看机会到了便激将道："妈妈虽笨，但还会下棋，大志聪明，可到现在还不会下棋啊？"

大志一听立即不服气地说话："我还小，等我长大了也学下象棋！"

"我看电视上有些小男孩，五岁就开始学下象棋了。现在大志已经八岁，比电视上的小男孩要大三岁，还要等到什么时候学象棋呀？"邵蓉又是一激。

"什么，人家五岁就开始学象棋？"大志小脸一下涨得通红。

邵蓉与爱人对视了一下，生怕损伤大志的自尊心，得不偿失。

"不仅男孩爱下象棋，许多女孩也下。"爱人按原定计划进一步激道。

"那，那，那我也要学下象棋！"大志涨红着脸说道。

"什么？大志也要学下棋，你不是以前说不学吗？"爸爸假装惊奇地问道。

"那是以前，我现在要学……"

大志就这么在不知不觉中落入到了父母设置的"圈套"之中了，开始自觉地跟妈妈爸爸学习下象棋，邵蓉一阵窃喜。

尝到甜头后，邵蓉便时常用激将法引导大志自觉朝正向发展。

大志身体有些瘦弱，寒假时邵蓉和大志商定这个寒假每周一至周五坚持跑步，可不巧的是没跑几天就下了一场雪，本来就有些想偷懒的大志就像瞌睡遇到了枕头，钻到被窝里死活不肯出来："这么大的雪，要是冻感冒了怎么办呀？"

爱人劝说："今天情况特殊，下不为例。"

而邵蓉却不想开这个头，这正是磨炼孩子意志品质的时候，不能遇到一些阻力就放弃，这怎么行？

于是邵蓉便来到大志床前说道："你要是实在怕冷不想跑步就算了。我听天气预报说，明天、后天天气特别冷，大志这几天正好可以美美地睡几天大懒觉。"

看大志在被子里不动，邵蓉激将道："看来这场雪好厉害啊，把我们大志这个有志气的男子汉就这么打趴下了，已经起不来床了，也只能认输了。"

"什么！我认输了？谁说我认输了？"大志就像过了电似的，一下便从床上坐了起来。

"大志，下雪天，天气冷，还是不去了吧？"

"难道，下雪天就不上课了？"大志一边自觉地穿着衣服，一边说道。爱人看了邵蓉一看，露出会心的一笑。

不只是这些，邵蓉还将这一方法运用到了大志生活和学习的各个方面。

以前，晚上临睡前，她和爱人要是喊他刷牙洗脸，大志时常会抵触："喊什么喊，我又不是三岁大的小孩子。"要么是："我还要看会书。"

现在邵蓉改用激将的方法，"大志，咱们比赛一下刷牙洗脸怎么样？看谁快，妈妈肯定会比你快！"

"你比我快？"大志跑步进洗手间。

又如大志写作业喜欢趴在桌子上，邵蓉多次提醒他写作业时要做到"三个一"，可回过头来大志又是老样子。现在她想用这一方法试一试，看看效果如何。她假装和爱人聊天道："今天我看见大志大姨了，大姨说娟子姐姐写作业'三个一'做得可好了，老师都表扬她了。"

爱人心领神会，"是吗？邻居小虎写作业'三个一'也做得很标准，老师也经常表扬。真不明白，连大志都做不到的事，他们又是怎么做到的？"

"谁说我做不到？姐姐和小虎能做到，我也能做到！"说着大志自觉地把小腰板挺了起来。

"嗯，爸爸妈妈也相信大志一定能做到，而且能做得更好。只要在写作业时注意……"

大志趴着写作业的坏毛病就这么轻而易举解决了。

七、妈妈，我不想钓鱼了

一次，张洁带小强到广场去玩，在一个人造的小水库旁围着许多孩子，走进一看，原来是玩钓鱼，塑料小鱼在水中游来浮去，啊，一个小朋友钓上了一条，对面的小朋友也钓上了一条，张洁为小强买了票，也加入到了钓鱼的行列中。

这时听旁边的小孩子妈妈说道："看你笨的，都是一起来的，那个小朋友已经钓了四条了，你还一条没钓上。"

"妈妈，我不想钓鱼了。"小男孩沮丧道。

"不钓就不钓，反正你也钓不上，那就走吧。"妈妈说道。

两个男孩就这么陆续离开了钓鱼的行列。

在孩子遇到困难最需要妈妈的鼓励时，而这些妈妈的做法却正好相反，对孩子进行否定，这等于在孩子的自信心上又踏上了一只脚。

为什么许多妈妈都会这样？

首先是这些妈妈都是在按照自己的标准要求孩子，在孩子达不到自己的要求时，便开始心生不满，开始批评指责孩子。

其次，还没有认识到树立孩子挑战困难的信心和勇气的重要性。

孩子此时信心已经开始动摇，并产生不耐烦情绪。又听到妈妈的指责声，信心随之全无，于是便放弃了。

孩子遇到这么小的一点困难就轻易放弃了，以后在生活、学习中遇到更大的困难怎么办？

要是先对孩子的行为给予相对的尊重和理解，然后再给孩子以鼓励，情况就会大不一样。

这时，手拿鱼竿的小强，钓了十几分钟，也一条没钓上，开始产生不耐烦情绪，张洁便连忙对他说："小强，别急，刚开始都是这样的，钓一会就会钓了，妈妈相信你一定能钓好几条鱼！"

在张洁对小强表示相对尊重和理解并及时给予鼓励后，小强又自觉地开始继续钓鱼。张洁又在一旁做一些指导，过了一会小强便钓上了一条。张洁在一旁鼓励道："小强好棒哦！一条鱼儿已经上钩了，加油！再钓一条！"小强信心更足了，就这么在妈妈的信任和鼓励下，又钓上了第二条、第三条、第四条……那天，小强玩得特别高兴。

孩子在成长过程中总会遇到各种各样的挑战，每一次都是对孩子信心和能力的考验，小强当然也不例外。每次张洁都会如法炮制。

如五年级时，学校组织知识竞赛，每个班级推选四名学生参加，才获得三好学生的小强被选中了。可小强有些犹豫，不想参加。一是担心自己不行；二是害怕输了丢人。张洁知道情况后，首先是给予相对尊重和理解，然后给小强以鼓励。在妈妈的鼓励下，小强自觉地参加了比赛，竞赛中他们小组获得三等奖。

八、让孩子重新鼓起信心和勇气的一句话

文文上三年级时，体育课要进行跳绳考试，及格成绩是120跳/分钟，而文文每次却只能跳十几下，是班上跳得最差的，同学们都笑话她，还有同学笑话她是大笨蛋。文文也想跳好，可越急越跳不好，于是把绳子一扔，不跳了。

宋诗诗知道情况后，心想这还了得，遇到这点挫折就自暴自弃，就被打趴下了，那以后在学习上、生活上的挫折多了，那不早早地就完了？于是她决定设法让文文重新振作起来。

"跳得好的同学不是天生就跳得好，只要文文有信心，不放弃，也一定能跳好！"宋诗诗鼓励道。

"是啊，文文作文写得那么好，数学学得也好，跳绳也一定能跳好！"爱人也在一旁鼓励道。

在爸爸妈妈的齐声鼓励下，文文又恢复了自信。

不仅如此，宋诗诗还和女儿一起分析原因，可能是因为女儿胆子小，当众跳紧张造成的，只要多练习，自然就会跳好。

就这样文文又自觉地拿起了跳绳，每天放学回家都要练习。

可出乎宋诗诗意料的是，一周下来，文文还是老样子，没有多少长进，自信心受到重挫，文文再次撂挑子，不练了。这下宋诗诗火了："遇到这么一点困难就撂挑子，那你长大以后还能干什么！"

爱人在私底下说，文文可能就不是这块料，算了。

在孩子一连遭受挫折后，本来就脆弱的自信心很容易就会被打垮，这是孩子最脆弱的时候，也是孩子在人生路上的一个关键时刻，要是妈妈此时再对孩子进行否定，就会对孩子造成双重打击，孩子以后可能就真的站不起了。

宋诗诗嘴上诺诺，心里还实有些不甘，可一时又束手无策。我给她讲了这样一则故事：

有一位高材生父亲，儿子读高二时，有一次考试成绩很不好，还有两门课不及格。一向心高气傲的儿子信心严重受挫，叔叔得知此事后，对他儿子不仅没有鼓励和帮助，还对儿子进行讽刺挖苦，这对儿子的自信心又是一次沉重打击，弄得儿子独自一人在河边仰天长叹。

身在外地的父亲得知此事后火速赶回家，与孩子的叔叔争执了好几个小时。在他看来，失败和挫折对任何人都是难免的，做父母的应该给予相对的尊重和理解，并给孩子以信心才是。

最后他放了一句狠话："要是我儿子将来考不到比你更好的大学，我直接从五楼跳下去！"

父亲的这句话传到儿子的耳朵里后，他只是一个劲地流泪，然后又用牙关止住泪水。他就这样又重新鼓起学习的信心和勇气，父亲又与儿子一起分析了原因，制定了对策，儿子又自觉地拾起课本，后来儿子考上了北大。

宋诗诗认识到问题的严重性后，便也像那位高材生父亲一样，开始对文文给予相对尊重和理解，并鼓励女儿："我知道我的女儿是遇到困难和挫折后不低头的人，是困难和挫折打不倒的。"

然后宋诗诗又与文文一起分析了原因，原来问题出在心态上了，由于急躁，想尽快跳好，一味追求结果，结果是越想跳好越跳不好，前后左右搅拌在一起，造成经常跳死。在帮助女儿找到问题症结后，又给女儿支招：只要把心态调整过来了，不急不躁了，才能把绳跳好，否则很容易就会跳死。具体操作要点和步骤是：不要光是急于结果——总想着跳快，应首先注重过程，注意手脚的配合和争取不跳死，先把这两项做好以后再想着跳快。

　　恢复信心的文文又重新拾起跳绳练习了几天，果然产生了效果。她一分钟不久就能跳120下了，文文的信心倍增，最多的一次跳了150下，还在比赛中得到了体育老师的表扬。

　　有了这么一次宝贵经历后，文文自然也就有了战胜困难的信心和勇气。如有一次，在练习弹钢琴时遇到了一个较难的段子怎么也弹不过去，于是就急躁了起来，两只小手一甩，不练了。可由于有了跳绳的经验，待心气静下来以后，从头开始，一个音节一个音节地矫正，然后一个音节一个音节地练习，结果很快就过关了。笑容于是又爬到脸上。

九、这样用游戏引导孩子有奇效

《游戏力》一书写道："父母应利用做游戏的方式进行引导，在尊重孩子的前提下，以一种他们喜欢接受的方式，解决生活中出现的矛盾和问题。"

孩子的天性都爱玩，都喜欢游戏，游戏也是引导孩子自觉朝正向发展的一个好办法，它适用于孩子生活、学习的方方面面。

娜娜三四岁时也像许多小孩子一样，不好好吃饭，常常是喂上几口就不想吃了，勉强吃一口还不肯咽下去，甚至要吐出来。为吃饭的事，表妹也不知发了多少脾气，经常连哄带骂，可收效甚微。

"为什么不能用游戏来调动娜娜吃饭的兴趣呢？"我建议道。

表妹是个聪明人，很快便有了主意。

一天，娜娜吃早餐，又哼哼唧唧不想吃，表妹夹起一个肉包对娜娜说："我们玩投篮比赛好吗？你的嘴相当于篮筐，若接住了我的球，你就得一分，若接不住，我就得一分。"娜娜一听立即来了兴趣，还没等妈妈投篮，就把小嘴伸过来把肉包接了过去，边吃边说："我接住了你的球，我得了一分啦，再来。"就这么娜娜一连吃了六个肉包，得了六分。平时，她顶多能吃两个肉包就不错了。

当然，表妹的游戏不仅局限于此，有时她还和娜娜还玩看谁吃得快等游戏。

吃饭就这么变得像玩游戏一样，娜娜吃饭的劲头也一下上来了，每次都

能吃得饱饱的，不久便养成了自己吃饭的好习惯。

表弟媳妇在儿子上幼儿园时曾试图培养儿子在某方面的兴趣，让儿子将来能有一技之长。就像现在的许多妈妈一样，围棋、书法、电子琴、绘画班都报过来了，可摆弄一阵子后都不了了之。这下可把表弟媳妇愁坏了，这小子怎么对什么都提不起兴趣呢？于是便来向我讨教。

我告诉他们，孩子的兴趣就是玩，大人刻意培养的特长孩子是提不起兴趣的，却对大人买来的各种玩具非常有兴趣。为什么不通过玩拼接数字游戏的玩具来培养儿子对数学的兴趣呢？可表弟担心道："咱们儿子是不是还会三天打鱼啊？"我告诉他用游戏引路绝对不会错，只是别忘了到时来感谢我。

于是表弟媳妇给儿子买各种数字玩具，一种数字玩具一种玩法，让儿子玩得不亦乐乎，刚开始是表弟媳妇两口子陪着玩，后来是儿子逼妈妈跟他玩。儿子的算术能力也随之迅速提高，小脑袋瓜子转得飞快。

孩子对数学的兴趣在玩游戏的过程中培养了出来，表弟媳妇两口子乐得站在一旁嘴都合不拢，爸爸一个劲地拿好吃的往儿子嘴里塞。儿子却摇着头说道："爸爸，我现在玩得正高兴呢，你能不能等我玩完了再让我吃啊？"

上小学以后，由于儿子对数学的兴趣和玩游戏中开发出来的一点"数学头脑"，他的数学成绩自然名列前茅。

上小学二年级，有一次在电视上看到了一个有关速算的节目，电视上的小男孩对一些复杂的算术题算得既快又准，引起了表弟媳妇和儿子的极大兴趣。

表弟媳妇趁机对坐在身边的儿子说道："如果你按照妈妈的方法来，用不了多长时间也能像电视上的小男孩一样。"

"真的？"儿子的小眼睛一下子闪出了异彩，可转念又一想，"妈妈，你不会是在跟我开玩笑吧？"

"妈妈什么时候骗过你？"

表弟媳妇的具体做法是：在扑克牌中把大小王和J、Q、K全都给取出来，然后把牌给洗乱，让儿子每次抽10张依次递加，递加完后，再依次递减。同时爸爸还在一旁掐着秒表，既要让孩子算得快，还要让孩子算得准，以逐步提高孩子的运算速度和准确率。

一般用上两、三个月时间孩子就能在几秒钟内既快又准地算出数字来，表弟媳妇两口子称其"脑筋广播体操"。

表弟媳妇在陪儿子玩这一算术游戏的过程中，既让孩子能不断地品尝到成功的喜悦，增强孩子的自信心，又提高了孩子的心算能力、反应能力。不仅如此，又进一步培养了孩子学算术的兴趣，在数学竞赛中多次获奖。

十、让孩子像品尝美味一样学习知识

庄明兰看着邻居女儿已经能认不少字，也想让上幼儿园的晶晶认字，计划每天让晶晶认几个字。可效果很不好，晶晶总是爱学不爱学的，一段时间下来也没学几个字。

我告诉她，这就像吃饭，只有孩子想吃才会好好吃，妈妈喂饭孩子是不会好好吃的。关键是妈妈要设法让孩子产生求知欲，这样才能引导孩子朝正向发展。

庄明兰很快就想出了办法。

从晶晶两岁半开始，每晚睡前故事便成了家常便饭，晶晶听故事的兴趣就这么被培养了出来，她从小就知道在一排排文字里面藏着一个个美妙动人的故事。一天，庄明兰给晶晶讲司马光砸缸的故事，讲到精彩处，她假装忘了，然后赶紧翻书，从一大堆画书中慢慢地翻着。

"妈妈，你快点翻，我想知道后面怎么样了……"

庄明兰故意慢腾腾地翻看，折腾晶晶，"你再等等，别着急。"

"哼，哼！"晶晶急得直跺脚："妈妈赶快教我认字吧，我要多认字，自己看。"

"那什么时候开始学认字？明天吗？"

"不，现在我就要学！"

"好吧。"

　　庄明兰就这么通过阻挠孩子听故事让晶晶对认字产生了浓厚兴趣。"是啊,晶晶赶快认字,认了字就可以自己看书了。"爱人附和道,晶晶认字的劲头更大了,上一年级时就已经自己能读故事书了。为了培养晶晶的读书兴趣,到书店买书的时候,庄明兰都是让晶晶自己选择,顶多提些建议。

　　晶晶上五年级时,为了让晶晶阅读能力上到一个更高的台阶,庄明兰想让晶晶读文字量大图片少的长篇小说,可推荐了几本小说晶晶都不感兴趣。这该如何是好?她又想到了我说的那句话,要想孩子自己想吃,不能喂。那么具体又该如何启发呢?

　　当时电视台正在播放电视连续剧《红楼梦》,庄明兰立刻感到机会来了,她把《红楼梦》的书从自己的书架上拿下来,一家人一边看电视一边讨论,且她和爱人故意讨论一些小说中有电视中没有的情节、片段,让坐在一旁的晶晶只能眯缝着眼插不上嘴,干着急,只有问,而这一问又正中庄明兰下怀,她和爱人只是简略地做一些解释,然后告诉晶晶这在书中的哪一回,要是实在感兴趣可以自己看。经过几次反复,晶晶的胃口整个被吊了起来,对《红楼梦》中的故事产生了强烈的兴趣,电视剧才播了十几集,便急不可待地抱起《红楼梦》看了起来。电视剧播完,晶晶的《红楼梦》也看完了。从此晶晶对读长篇小说不仅有了兴趣,且有了信心。之后晶晶又一连读了多本国内外名著。

十一、文文，这歌好听不好听啊？

文文上二年级时，宋诗诗想让文文背一些唐诗，可文文对诗不感兴趣，几天过去了一首也没学会。这该如何是好？

我告诉她应该用孩子感兴趣的事情引导。

宋诗诗很快便想出了办法。她针根据文文爱唱歌的特点，专门从书城买了《儿童唱唐诗》的光盘，然后在家里开始播放。

"文文，这歌好听不好听啊？"

"好听！"

"你会唱吗？"

"不会。"

"咱们一起学唱歌好吗？"

"好。"

于是宋诗诗把那首诗抄下来，和文文一起跟着歌声唱了起来，三四遍，文文就会唱了，并把这首唐诗给记住了。一个小时下来，文文就这么学会三首唐诗，一个月下来便把光盘中的许多唐诗都学会了。

宋诗诗就这么通过学唱歌让文文学会了许多唐诗。

不仅如此，妈妈还可利用各种孩子感兴趣的事情引导孩子正向发展，以实现自己预定的目标。

如有一次，宋诗诗和爱人带文文爬白塔山，爬了大半截，文文累了，不想爬了。这怎么行？要是什么事干了半截子就不想干了，将一事无成。可这该怎么办呢，总不能硬赶吧？一转眼，宋诗诗便有了主意："文文，想不想俯瞰黄河美景啊？"

"怎么俯瞰？"

"就是从高处往低处看，就像飞机上看地面一样。只有爬到白塔下面，才能俯瞰黄河，那样看黄河可美了。"

"妈妈，我要继续爬，看黄河。"文文喝了几口矿泉水，歇了一会，又自觉地开始继续爬，一直爬到白塔下。

又如文文在学习中遇到困难常常不假思索就会问老师、父母，为了逐步培养文文独立解决问题的能力，宋诗诗告诉文文每个小孩的心中都有一颗智慧树，智慧树长得越高越大，学习就越好，然后她问文文："你想不想让你心中的智慧树长得高高的大大的呀？"

"我当然想了。"文文不假思索地回答。

"那么，你在学习中遇到困难首先就要自己解决，你每解决一个难题，你心中的智慧树就会长大一节，如何你求助于别人，别人帮助解决了，别人心中的智慧树就会长大一节。要是你遇到困难经常自己解决，你心中的智慧树就会长得又高又大。相反，遇到困难经常求助别人，你心中的智慧树就会比别人低许多。"

"是吗？妈妈我知道了，以后在学习中遇到困难我要尽量自己解决。"

妈妈应这样为孩子做表率

常言道"言传身教",即教育孩子不仅有言教,还有身教,身教是一种无声的语言,它起到润物细无声的作用,它对孩子的正向引导作用不亚于言教。

而在现实中,许多妈妈虽然都知道身教,可只是流于口头,流于形式,并不真正知道具体该如何操作,落于实处。

一、教育家苏霍姆林斯基的教导

一天，我在步行街看到一个一岁多点的小女孩听见爸爸问妈妈现在几点时，下意识地抬起自己的左手看手表，引得小两口一脸惊疑。

"咦，是你教的？"

"不是。"

"哎，我也没教她呀？"

"啊，看来我们的女儿是个小神童！"爸爸高兴地一把抱起女儿。

这其实是孩子对父母行为的模仿，孩子经常看父母这么看表，时间长了也就会做出这样的条件反射。

有一次，我在电视节目上看到几个三四岁大的小男孩在各显其能。其中一个男孩把饮料倒在一个小杯子里，一边用嘴抿着饮料，一边向嘴里抛着花生米，逗得主持人和看台上的观众哈哈大笑。

"哎，这孩子哪里学来的这些动作？"

"那还用问吗？是不是爸爸经常在家这么喝酒、吃花生米？"主持人问道，小男孩点点头。

这时我又想到一个小学老师问一个男孩："你长大了想做什么呀？"

"我长大了要做爸爸！"男孩毫不犹豫地回答道。

老师大为惊奇："哎，怎么想到要做爸爸？"

"做爸爸多好啊，做爸爸可以抽烟、喝酒、打麻将，一家人都听我的，不听就嚷嚷打人，多神气啊！"男孩鼓着腮帮子说道。

老师无语了，看来孩子的父亲平时在家里就是这模样，给孩子仅做了这样的榜样。

可见父母的言行对孩子影响之大。

这首先是由于人天生就有模仿的本能。父母是孩子最亲的人，又是孩子心中最具权威的人，父母的言行就最容易取信于孩子。

加上父母的言行不断地在孩子面前重复，加深记忆，这样父母的言行就会深深地印在孩子的脑海中，成为孩子首先模仿的对象，而且对孩子的影响也是最直接、最深刻、最持久的。

由此可见妈妈在家里的一言一行都要格外小心，孩子的眼睛就像数码相机，不仅会记录下来，还会通过模仿潜移默化变成孩子自己的言行。妈妈的一言一行，实际上都是在给孩子做示范教育，不当的言行不知不觉中就会把孩子教坏，好的言行就会让孩子学好，这太可怕了。难怪教育家苏霍姆林斯基会说："父母自身的行为对孩子有着重大的影响。不要以为只有你们同孩子谈话和教导孩子、吩咐孩子的时候，才是在教育孩子。在你们生活的每一瞬间，甚至当你们不在家的时候，都是在教育孩子。你们怎么穿衣，怎么跟别人说话，怎么表示欢欣和不快，怎么对待朋友和仇敌，怎么笑，怎么读报……所有的一切，对孩子都有很大的教育意义。所以，父母在教育孩子的过程中，时时、事事、处处都要以身作则，做好孩子的表率。"

俄国作家列夫·托尔斯泰曾言："全部教育，或者说千分之九百九十九的教育都归结到了榜样上，归结到父母自己生活的端正和完善的举止上。"

虽然其言有过，但不能忽视父母表率对孩子言行的引导作用，应引起妈妈们的高度重视。

二、她与爱人的私下约定

我班上有一个叫林秀秀的女生，长得斯斯文文，戴着一副眼镜，学习在班里也还可以，可同学关系却处得很不好，经常和同学闹不快，吵嘴、骂架是常有的事，有时还和同学撕扯打架，整个不像个女生的样子。有一次三个女生合在一起在校门外把她狠狠地收拾了一顿，衣服撕破了，脸也抓破了。经了解发现起因都是些鸡毛蒜皮的小事：什么用别人的铅笔、橡皮不打招呼了；遇到不满意的事爱瞪眼睛说脏话骂人了；爱背地里说别的同学坏话了，等等。我把秀秀叫到办公室谈心，秀秀说她也知道这样不好，会闹矛盾，可到时候就管不住自己。后来进一步了解才发现根子在她父母身上，她的爸爸平时在家里说起话来经常口无遮拦，别说文明用语了，电视里、生活中、工作中，遇到不满意的事就口吐脏言，三句话不对就吹胡子瞪眼，两口子经常为一些琐碎之事吵架，吵起架来骂人的话要多难听就有多难听。妈妈虽然好一些，可有在背后说人坏话的毛病。秀秀从小耳濡目染，在父母的表率下就变成了现在这样。

找到病根后，我约秀秀父母到学校深谈了一次，才开始引起两人注意，有所收敛，林秀秀的言语才开始有所好转。

我给庄明兰讲了此事，她说在许多中国父母身上都存在这一问题，由于普遍都还没有认识到表率的至关重要作用，加上又是"一家之主"，在家里容易任性妄为，口无遮拦，就是在她自己的家也多少存在这一问题。她与爱人私下约定：在家里就要像在外面一样注意文明用语，多用"请""谢谢""对不起"等礼貌语言；做错了事应主动道歉，绝对不能强词夺理，哪怕在处理孩子问题上犯了错，也要向孩子道歉；无论遇到多么不满意的事，都不能口吐脏言，骂人；绝对不能在孩子面前说别人——如老师、同学、同事、他人的坏话。

晶晶从小就是在这样的环境中成长起来的，接人待物比同龄人多了一些文明。当然女儿也不是一步就能到位的。

如庄明兰发现五岁的女儿在接受同事送的礼物时没有说谢谢，就微笑着对女儿说："晶晶，你刚才好像忘说什么了呀？"小晶晶有些摸不着头脑，这时，她对同事说："谢谢您送礼物给晶晶，我代表晶晶谢谢你！"这时女儿才回过神来，于是甜甜地说道："晶晶也谢谢阿姨！"

又如以前女儿做错了事很少主动道歉，即便勉强地说声"对不起"多半也不是自愿的。怎么让女儿真心诚意地道歉呢？

有一次庄明兰错怪了女儿，为了化解对孩子的伤害、孩子的不满情绪及给孩子做好表率，她当着爱人的面郑重向女儿道了歉，看得出女儿深受触动。更加出乎他们意料的是，第二天吃晚饭的时候，女儿问他："你前段时间是不是有一支钢笔丢了？"

"是啊。"

"那是我拿去用不小心丢了，怕你说，你问我的时候就没敢说。现在我向你道歉，请妈妈原谅！"晶晶说道。

"啊，这么快就学会道歉了！真是好孩子，知道错了就好，知道错了就好。"

这就是父母做好表率的力量，要是父母做错了什么事总是强词夺理，用家长的权威压人的话，肯定不会有这样的效果。

三、别像曾子妻子那样哄孩子

　　雪儿小学五年级时，孙菊为了调动女儿的学习积极性，告诉女儿要是她的考试成绩能进入班级前三名，就带她到黄山旅游。雪儿对黄山的美景早已神往，经努力，雪儿期末考试成绩全班第二，现在该是妈妈兑现承诺的时候了。哪知孙菊却改变了主意，理由是工作忙，请不上假。加上骨子里就好静，她打心眼里也不愿意去，有那在路途上折腾的时间，看会儿书多好。因此，准备给女儿200元钱，以作补偿。

　　在向我征求意见时，我给她讲了孔子的学生曾子教子的故事。

　　有一天，曾子与妻子一起出门办事，儿子哭闹着也要跟着去。妻子就哄儿子说："今天你要是老实在家待着，不跟我们去，回来后我让你爸把咱家的猪杀了，给你炖猪肉吃。"

　　儿子已经好长时间没有吃肉了，一听有猪肉吃，于是便留在家里。

　　不久，他们办完事回来。曾子到厨房取出杀猪刀磨了起来，"哎，你这是干什么？"妻子惊道。

　　"杀猪啊。"

　　"哎呀，我跟儿子那么说是哄他的，是害怕他跟着去耽误办事，我只是随便说说，你又怎么能当真呢？"妻子连忙解释道。

　　曾子停住手，看着妻子十分认真地说道："你要知道，我们的一言一行对孩子有非常大的影响，如果我们这次说话不算数，不仅孩子以后不会再相信我们的话了，有可能以后还会变成一个言而无信之人。"说完曾子就把猪给杀了。

随后，我又给孙菊讲了李开复父亲教子的故事。李开复五年级时，父亲有一次拿出六根火柴，让他拼出四个等边三角形，并承诺要是他能做出来就把他心爱的一只派克金笔送给他。哇，这可是珍贵之物。父亲本想，对于还没有上初中，还不知道几何学是何物的宝贝儿子，这道题肯定能把他给难住。可哪知，聪明过人的李开复，眼珠子只转了两三圈，便把四个等边三角形摆在出来。父亲惊呆了，可一言即出驷马难追，虽然心痛如割肉，还是立即兑现了自己的承诺。

父亲心爱的派克金笔就这么成了李开复的囊中之物，这只金笔一直珍藏在他的身边。父亲通过这只金笔教会了他如何信守承诺。

孙菊听了这两个故事后，便和爱人带女儿到黄山旅游。从此，孙菊无论什么事都力求做到言而有信，以做好孩子的表率。

四、别把家变成聚会娱乐场所

我班上有一个叫范小伟的男生，学习成绩在班上一直名列前茅，而近来成绩却大幅下滑。经了解才知道，小伟的爸爸是名铁路职工，最大的爱好就是抽烟、喝酒、打麻将，以前是聚到同事家喝酒、打麻将，慢慢地自己家也成了工作之余的娱乐场所。起初他也害怕影响儿子学习，小伟在家的时候都让他到自己的屋里去，把门关得严严的。再者，除逢年过节他绝对不允许同事们来家喝酒，太吵了，肯定会影响儿子学习。所以他只允许同事来家打牌，那样声音毕竟小一些。爸爸的良苦用心小伟也知道，刚开始影响不大，可越到后来影响越大，哗啦哗啦的洗牌声，清脆的码牌声，打牌时敲击桌面的啪啪声，说笑声，不时地传入他的耳朵，让他难以静下心来学习，"爸爸，你们能不能到外面去打牌啊？"

"爸爸就这么点爱好，要是把牌都戒了，还不如出家当和尚。你就通融一下，慢慢你就习惯了。"

果然如父亲所料，儿子慢慢地确开始习惯了，由刚开始的痛恨打牌渐渐地变得开始喜欢打牌，学习之余有时到旁边观战一番，在耳濡目染中也学会了打牌，谁上厕所或出去有事，还让他顶两圈，每当三缺一时都让他来顶。在爸爸不知不觉的示范效应下，小传开始喜欢上了打麻将，心思也逐渐由学习转移到了打牌上，学习成绩能不受影响吗？

不仅如此，小伟看着爸爸和同事们一个个吞云吐雾，不久又学会了抽烟，先是偷爸爸的烟抽，后来拿自己的零花钱买烟抽，最后发展到偷家里的钱买烟抽。学习成绩大幅下滑，此时小伟的爸爸才感到了问题的严重性。

"要是我再发现你抽烟，小心我抽烂你的嘴！"

"你能抽烟，我为什么不能抽？"

"我是你老子，我想抽就抽！你是我儿子，就要受我的管！再者天下有几个小孩子抽烟的？等你长大挣了钱，想怎么抽就怎么抽，到那时我也管不了……"

小伟哪能听得进去，烟抽得更凶了。

这都是父母的不良示范效应所产生的恶果啊！随后，我把小伟爸爸请到学校，进行了一次长谈。

小伟的事情让我联想到了表妹。表妹晚饭后喜欢看电视连续剧，经常一集接一集地看。娜娜学前的时候影响不大，自从娜娜上学后便开始产生影响，经常是女儿在小屋写作业，她在客厅看电视。可女儿从小在妈妈的带领下早已喜欢上了看电视剧，只要妈妈往电视机跟前一坐，她心里就发痒，再加上隐隐约约听到电视机传来的声音，就更是心痒难耐，哪还有心思写作业，忍不住地就要凑到妈妈跟前来看电视，"去，去，去，赶快去写作业。"

"妈妈，作业已经写得差不多了，让我也看一会儿嘛？"

经常是这么一看就没点了，要等到电视剧看完，女儿才去写作业。

我跟表妹讲了小伟的故事，这下表妹才认识到了问题的严重性，以后吃完晚饭后就再也不看电视了，而是改成女儿在小屋写作业，她在大屋也看书学习。女儿看妈妈不看电视，也没有电视里声音的逗引，从此开始安心写作业。只是写完作业后有时看一会电视。

多年之后，有一次表妹谈到此事说道："改变自己既给孩子起到了好的表率作用，也让自己成熟了起来。想想，现在我要还是把晚上的许多时间用在看电视上，要浪费多少宝贵的时间，少学习多少有用的知识。我现在才明白了，这就是父母与孩子一起成长的道理之所在。"

五、美国著名建筑师终生感谢母亲的一件事

文文初二上学期有一段时间晚上看电视连续剧，作息不规矩，晚上不睡早上不起，导致连续迟到，有两次到校后已经开始上第二节课。按校规，每迟到一次扣班级2分，一月累计迟到5次以上班级做检查，如果是班干部则被免职，罚清扫过道2次，本学年不得评选三好学生。文文当月已经累计迟到7次，不仅学习委员一职不保，还要在班上做检查，清扫过道。这对小学四年级以来一直担任班干部，多次被评为三好学生，品学兼优，早已过惯了"人上人"生活的文文无疑是一次沉重的打击，回到家里就一个人关在房子里哭啼，也不吃饭。

"这校规也太严了，孩子不就是迟到了几次，处罚就这么严，换成谁也受不了啊。"宋诗诗抱怨道。

"是啊，我们女儿一直是好学生，是不是可以通融一下。"爱人迎合道。

于是宋诗诗便找到了我，让我找文文学校教导主任通融一下，因为教导主任是我的同窗好友。

我给她讲了这样一个教子故事：一个男孩十一岁时就已经是钓鱼高手了。一天他和母亲一起参加一场钓鱼比赛，奖金很丰厚。开钓前，男孩选择好位置，在鱼钩上挂好鱼饵，调好鱼漂，将鱼钩甩向湖心。忽然，鱼漂沉了下去，呀，有情况，男孩急忙提竿，呀，是一条大鱼，随着鱼线的收紧，一条漂亮的大鲈鱼被拉出了水面，呀，太好了，他还从来没有钓过这么大的鱼。仅凭这一条大鱼此次比赛便可稳操胜券。

而母亲此时一看表，离开钓时间还差十分钟。母亲要求男孩把鱼放回去。

"不，妈妈！"男孩几乎要哭出声来祈求道，因为他清楚要是放回去就再也钓不到这么大的鱼了，将很难拿到冠军。他仔细观察了一下周围，没有人注意到他们，干吗这么老实？

可母亲还是坚持着要把鱼放回去，母亲的态度非常坚决，没有一点商量的余地。男孩无奈，只得流着泪把那条才钓上来的大鲈鱼重新放归到湖中，大鲈鱼一摇尾巴便消失了，到手的冠军和丰厚的奖金也随之消失得无影无踪，那次钓鱼比赛他们没有拿到名次。

三十年后，那个男孩成为美国很有名的建筑师，可他还是喜欢钓鱼，虽然他此后再也没钓到那么大的鱼，可他却终生感谢他的母亲，是他的母亲用行动教会了他无论在任何情况下都要遵守规则，别想着投机取巧，从而走上人生的正途。他无论在学校还是社会，总是能自觉遵守各项规则的人，他最终通过勤劳和智慧取得了成功。他虽然失去了在一场钓鱼比赛中获得冠军的机会，却在事业上取得巨大的成功。

宋诗诗听后深受启发："是啊，父母要带头守规矩。要是父母带头践踏规则，将会对孩子起到非常不好的示范效应，将会把孩子引入不遵守规则的歧途，小的时候不遵守家规、校规，大的时候不遵守单位规章制度及各种法律法规，最后倒霉的只能是自己。可我的女儿才十四岁，她接受不了怎么办？"

"只能让孩子遵守规则，触犯了规则就要心甘情愿接受处罚，吸取教训，别无他法。因为校规是给所有学生制定的，不是只针对文文一人制定的。"

文文的这段经历是痛苦的，但她从中学会了遵守规则，对规矩的敬畏。经过此事，她主动调整了自己的作息时间，以后再也没有迟到过，而且能自觉遵守学校的各项规章制度，初三的时候又重新当选为学习委员。在日常生活中也是这样，如以前过马路经常不遵守交通规则，现在则是自觉遵守。

妈妈应引导孩子自己做出正确的决定

如果妈妈在教育孩子的过程中，孩子的独立人格得到充分的尊重，孩子就会有许多想法与妈妈不一致甚至对立。而此时孩子的想法往往又都是幼稚的，不成熟的，且非常顽固、任性。

在现实中，许多中国妈妈都被挡在这道坎上，由于与孩子讲不通，又束手无策，纷纷又被迫回到了管教孩子的老路上，通过耍家长权威把自己的意志强加到孩子身上。

其实，这是深水区，妈妈与孩子的想法不一致或对立这很正常，此时就需要妈妈用更高明的方法引导孩子自己做出正确的决定，以实现自己预定的教子目标。

一、你会像三毛哥哥一样到处流浪，多可怜啊！

周弘女儿婷婷一岁半因医疗事故导致双耳全聋，周弘不甘命运的安排，带着女儿婷婷走上了一条与命运抗争的道路，他抱着一线希望开始了用针灸给女儿治疗耳聋的漫长路。五年来，清明、听宫、听慧、耳门这几个人体最疼的穴位扎了有上万次，每次治疗，当十几根银针扎进耳穴一寸多深时，那种剧痛，别说孩子，就是成人也难以忍受。

开始时，小婷婷每次针灸都哭闹不止，拼命挣扎。周弘则一腿半蹲，一腿跪地，用双手紧紧地抱着女儿的双臂和身体。可尽管这样还是不行，针老扎不准。为了让小婷婷针灸时不动，他和妻子一次又一次做女儿的工作，毕竟她还是个孩子啊！

婷婷七岁时一次临睡前，这时婷婷已经有了一点听力，妈妈语重心长比画着对婷婷说扎针不动的利害："婷婷，明天针灸再也不能动了！针扎不准，你的耳朵就好不了。你的耳朵听不见，爸爸妈妈多着急啊！总这么着急，慢慢地就要得病，就会死去。那时，你会像三毛哥哥一样到处流浪，多可怜啊！"

婷婷知道了扎针的利害后，伤心地趴在床上号啕大哭了起来。大约过了十来分钟，婷婷抬起头，擦干眼泪说："爸爸妈妈，明天针灸我保证不哭。"

一个七岁孩子的誓言能当真吗？

没想到第二天奇迹出现了。以往轮到婷婷针灸总要周弘去拉，可这次婷婷把爸爸的手一推，自觉地坐到椅子上，所有的人，包括医生都惊呆了。只见婷婷双手交叉紧紧捂着嘴巴，让医生把针一根根地扎进去，自始至终一动不动，唯有两行热泪不停地往下流。

扎完针，婷婷一头扎到周弘的怀里："我有没有动？"

周弘连忙回答："没有。"

"我有没有哭？""也没有。"

这时婷婷抹了一把眼泪，"那这是什么？"

"好孩子，这不是眼泪，这是水！"

从此以后，每次针灸小婷婷都会自觉地一动不动地忍受着，听力就这么一点点地回复着，虽然相比于正常的孩子也许只有百分之一，可对于一个聋儿犹如雪中送炭，婷婷就凭借这一点听力，踏上了和其他正常孩子一样的走进学堂受教育之路。

周弘的教子故事让我感慨万端：难道在父母与孩子的意见不一致时，让孩子知晓其利害真的就能让孩子自觉接受父母的建议吗？

经深思我认识到，这是由于人的本能都是趋利避害的，在让孩子认识到此举的利害后孩子自然就会自觉接受父母的建议。

而在现实中许多妈妈都还没有认识到这一点，所以在孩子与妈妈的想法相左又说不通时，就会又回到了管教孩子的老路上，要家长权威。而在发达国家许多妈妈都认识到了这一点。有一位学者在美国定居多年，一次回国探亲在谈到中西方教育不同时，她举了一个简单的例子，如果要孩子减肥，中国妈妈通常会要求指使命令孩子："这么胖，少吃一些，再不减肥就难看死了！"而美国妈妈则会婉转地向孩子晓以利害："胖不仅影响美观，给行动造成诸多不便，还会严重地影响到身体健康。"然后，给孩子讲一些因肥胖造成的各种疾病，通常效果都不错。而在中国只有少数妈妈用这种方法。

雪儿三岁时，孙菊带她到姥姥家，雪儿玩了一会儿就被桌子上一个漂亮的盒子给吸引住了，玩的时候盒子不小心掉在了地上，发出了清脆的响声。雪儿又对响声产生好奇，拿起盒子重重地摔在地上，当听到发出的响声后，感到很开心。雪儿奇怪的举动被爸爸发现了，他连忙蹲下身来对雪儿说："雪儿乖，不摔姥姥的药好吗？那是姥姥治病的药。"可转过头，雪儿又把才放好的药盒重重地摔在地上，还嘿嘿直笑。

这下爱人有些不高兴了，但还是耐住性子把雪儿抱起说道："雪儿不摔姥姥的药好吗？那是姥姥治病的药。"

"不嘛，我要摔，我要摔！"雪儿竭力挣脱道。

"哎，这姑娘，爸爸跟你好好说怎么就是不听话呢？你要是再摔药盒以后就不让你到姥姥家了！"爸爸威胁道。

雪儿噘着小嘴，哼哼唧唧，还是要够药盒往地上摔。这时孙菊走过来，蹲下身来，拉住雪儿的小胖手问道："雪儿是不是很喜欢听盒子摔在地上的响声啊？"

雪儿点点头。

"姥姥是不是最心疼你了，每次到姥姥家姥姥是不是都会给你做好吃的？"

雪儿又点点头。

"你知道吗？这盒子里的药是姥姥治病的药，要是把药都摔坏了，就治不成病了，姥姥也就做不成好吃的了，你到姥姥家也就吃不上好吃的了，你愿意吗？"

雪儿摇摇头说："不愿意！"

"那把姥姥的药放好，好吗？"

雪儿乖乖地将药盒小心翼翼地放回原处，并悄悄地告诉妈妈说以后再也不摔药了。

二、孩子的前程就这么被母亲给断送了

有一位母亲，儿子读高二，学习成绩一直在班上名列前茅，可在这节骨眼上却出现了意外。儿子要考重点大学，想参加一个校外补习班，母亲却死活不同意。原来是她在儿子的书包里发现了班上一个女生写给儿子的信，便认为儿子早恋了，上校外补习班只是借口幽会而已。可尽管母亲反对，儿子放学后还是去上补习班了。这位母亲于是便开始跟踪儿子，发现那个给儿子写信的女孩也上补习班了，于是便坚决不让儿子去，只要去，回来就挨打。不仅如此，这位母亲还找老师，找女孩父母，为的就是彻底切断儿子与这位女生的交往。儿子的自尊心受到严重伤害，且心思被整个搅乱，完全无心学习。练习也不做了，回家不是睡觉，就是看电视，或者看闲书，考试成绩直线下滑。这下母亲慌了，连忙请来老师做思想工作，可无济于事，最后连高考都没参加。孩子的前程就这么被不理智的母亲给断送了。

那这位母亲的问题到底出在哪里了呢？

对青春期孩子爱慕异性的天性需求，她应给予相对的尊重和理解才是，然后帮助孩子做好利弊比较分析，让孩子清楚地认识到，此时谈恋爱，到头来只会因一段过早的恋情而耽误人生大好前程，因小失大。这样孩子就会自觉接受她的想法。

可这位母亲的做法却正好相反，她没有帮助孩子做好利弊分析，效果自然也截然不同。

宋诗诗在教子中也存在这一问题。有一次文文班主任给她打电话，说文文的作文要是能再提高一个档次，语文成绩就可以在全年级数一数二，并建议她让文文每天写日记，这对提高作文水平会大有好处。可她跟文文谈了几次，文文都以功课忙，要弹钢琴，有那工夫不如多做几道题为由拒绝。

其实，文文也并非说的全无道理，许多事情并非白与黑那么是非分明，常常是各有利弊，不是简单地晓以利害就能说清楚的。再者，随着孩子的年龄增长，认识事物的程度也会不断增加，看事物也会更加全面，也不是做一个简单的是非判断就能说清的，这就需要妈妈帮助孩子对利弊做进一步的分析，让孩子看得更清楚，以免因小失大。这也是宋诗诗晓以利害的办法突然失灵的原因。

宋诗诗找到原因后，便开始进一步比较分析不写日记与写日记各自的利弊。

不写日记，利在可节省写日记的时间，用于其他有用的地方，如可以写作业、做练习、弹钢琴、学习文化课、看课外读物等。其弊是：失去了写日记所带来的各种好处。

那么写日记又能带来哪些好处呢？

在查阅资料中，宋诗诗看到一位叫陈春江的高材生父亲从女儿十一年级就开始教女儿写日记，他说写日记首先是提高孩子文字表达能力的好方法。从小学到高中，女儿陈磊作文一直写得好，就是从写日记中练出来的。每一篇日记其实就是一篇习作，或写人，或记事，或抒情，或论理，中心突出、立意新颖、语言活泼，又紧密贴近生活。日积月累，写作能力定有长进。这也是班主任所强调的。

再者，写日记的过程就是孩子自我反省的过程。肯定日常行为中的优点，反省缺点不足，对于发扬长处，克服短处，健康成长大有好处。

三者，写日记培养孩子的观察能力。因为要把白天看到的东西写出来，这样观察事物就会更自觉、更细致。

四者，写日记可以培养孩子的分析判断能力。通过对生活中的事物的记述和分析，就事论理，认识水平会有所升华。

五者，写日记也是一个自言自语的过程。可以通过写日记抒发情感，把心里要说的话说出来，一吐为快，从而达到放松身心的效果。

看到这位高材生父亲对写日记好处的介绍后，宋诗诗感到很是意外，别说女儿了，就是她自己都还没有认识到。

通过讨论，宋诗诗让文文认识到写日记所能带来的五项好处后，文文也大为惊叹，马上表示为此每天付出一些时间完全值得。况且，要是安排好写作业、弹钢琴与写日记的时间，不仅不会影响学习，反而还能促进学习。自此，文文便自觉地开始了写日记的历程，一直写到高中，考入北大后，还不忘每天写日记。

宋诗诗尝到甜头后，以后凡是遇到是非难辨、各有利弊、不是简单地晓以利害就能说清楚的事情都力求做好利弊比较分析，并事先把功课做足。

如文文上初中时，有一次放学回家报怨每次下课总有同学来问她题，下午自习课上来问她这个问她那个，弄得她没时间写作业，思路经常被打断，有两次她甚至不耐烦地让同学去问老师，抱怨同学自己长着脑子是干啥的不会自己思考啊。这显然是一件是非难辨、各有利弊的事情，宋诗诗也一下子说不清楚，于是她当时没有应对，而是暗暗地开始查阅相关资料。

在查阅资料中，宋诗诗看到山东理科状元韩春梅在日记中写道：

电话铃响了。"她在，请你稍等一下啊！"听完妈妈那亲切和缓的声调，就知道又是找我的。这是我今天接的第三个电话。前两个电话，我花了一个多小时时间给同学讲了三道数学题、一道物理题、一道化学题。

我抓起电话，是好友小A。

"都快考试了，我怎么什么都不会啊！"

"别着急，哪道题不会，咱们一起做！"

于是又花去40分钟和她一起分析了四道数学题。

看看表，已经是晚上十一点半，今天的计划恐怕完不了。没办法，16号就要"三模"了，谁有问题不着急啊？

宋诗诗让文文看了韩春梅的这段日记，文文的第一反应是犯傻："明天就要考试了，自己的问题还在那搁着呢，哪还有工夫替别人解决问题？换成我早就拒绝了。"

其实，宋诗诗心里也是这么想的。可这位高考状元真的就那么傻吗？要是她那么傻能成为一省状元吗？这显然不合逻辑。

其实韩春梅不仅不傻，还把账算得非常细。在她看来，同学有问题来问她是对她的信任，有助于处理好同学关系。再者，她一路给同学讲题，也顺便理顺了自己的思路，加深了对这几个问题的理解。三者，同学的思路对她也有启发，她可以避免再犯类似的错误，使她有了新的收获。四者，更重要的是她还找到了几分自信，因为她学得好同学们才来问她。

计划虽未完成，投入了一些时间，可相比于所获得的四项好处，完全值，所以她才会积极地为同学解答各种问题。

而许多同学在为别的同学解答问题时，只是看到了自己的付出，付出时间精力，为别人解决了问题，却没有看到因此所得到的好处，当然也就不愿意为同学讲题了。

"原来，给同学解答问题能带来这么多好处。我也要像韩春梅姐姐那样！"文文恍然大悟道。宋诗诗在一旁开心地笑了。

三、会提问的妈妈才是好妈妈

一天，大志与邻居小虎蹲在地上推着坦克、汽车，爬来爬去，嘴里还模仿着声音，玩得热火朝天。吃饭时，大志手也不洗便抓筷子、馒头，被爸爸喝止：“赶紧去洗手，不洗手怎么能吃东西！”大志撅着小嘴一脸不快。

“让你洗手，你还噘嘴。”爸爸说着把大志拉到卫生间，大志不情愿地洗着，爸爸在一旁训道：“已经跟你说过多少遍了，不洗手吃饭肚子里面会长虫子的。下次再不洗手，就不许吃饭！”大志被爸爸这么一训，索性手也不洗了，站在那呜呜哭了起来。大志爸爸站在一旁不知所措。

这时邵蓉走过来，蹲下来拉住大志的小手问道：“告诉妈妈，吃饭前不洗手好不好？”

大志抹了一把眼泪说：“不好。”

“为什么不好？”邵蓉继续问道。

“因为脏东西会吃进肚子里，肚子里会生虫子，痛。”

“嗯，我们大志知道得真多。那你现在是不是应该把手洗干净呀？”

大志点点头，自觉把手洗干净后开始吃饭。

还有一次，上小学一年级的大志放学回家跟爸爸说：“爸爸，今天王豪上课看漫画书，被老师批评了。”

爸爸回答：“你管他呢？你好好听课就是了，不许跟王豪学！”

大志“嗯”了一声，便撅着嘴离开了。这时邵蓉下班回家，大志又把这

事告诉了妈妈。

"哦，那你看了吗？"邵蓉问道。

"我没看。"大志回答。

"嗯，大志做得对，提出表扬。那你说王豪上课看漫画书对不对？"

"不对。"

"为什么？"

"因为，看书了就不能好好听课了，老师就要批评。"

"大志说得对。那你会学王豪上课看漫画吗？"

"我才不会呢。"

"嗯，大志做得对。妈妈举双手赞同。"邵蓉说着在大志的额头上吻了一下，大志笑开了花。

看着大志进卫生间的背影，爱人疑惑道："我怎么觉着，我和大志说话总是有些拧拧巴巴的，不像你跟儿子说话，他总是能自觉接受。这是为什么？"

这是由于大志爸爸还没有认识到，用提问的方式与孩子交流：一则在提问的过程中可以巧妙地将父母的想法变成孩子自己的想法和行为，这样孩子就会自觉自愿地接受；二则可以启发孩子思维，让孩子养成自主思维的好习惯。这就是奥妙之所在。

许多父母由于都还没有认识到这一点，所以还是习惯于用指使命令的方式，这样孩子当然不会自觉接受了，也不利于培养孩子的独立自主思维能力。这就是大志爸爸跟儿子说话感到拧巴的原因。

大志爸爸在认识到自己的问题后，也开始尝试用提问的方式。

大志就像许多小学生一样，在与同学发生矛盾后，总爱到老师跟前打小报告，"妈妈，今天××骂了我一句，我告诉老师了。""妈妈，今天××把我的橡皮拿走了，我告诉老师了，才要回来。""××把我的苹果咬了一口，我告诉老师了……"

上一二年级他们还能接受，可到了三四年级还这样，这不利于培养孩子独立解决问题的能力。可又该怎么跟大志说呢？

　　大志爸爸想了一下问道："大志，如果你不告诉老师，自己可以解决吗？"

　　大志转动了一下大眼睛说道："有些事情我自己能解决，有些事情我不能解决。"

　　"那哪些事情大志自己能解决呢？"大志爸爸问道。

　　"比如说，我的橡皮被同学拿走了，我应该自己去要回来。比如说，同学用脏话骂我，我应该告诉他骂人不对。可要是打架就不好说了，有的同学力气大，我打不过。"

　　"大志说的没错。那你以后该怎么办呢？"大志爸爸又问道。

　　"我能解决的事就自己解决，不去告诉老师。要是我解决不了事情，再去找老师。"

　　"嗯，我们大志就是有办法！"大志爸爸夸道。

　　大志美滋滋的，在不知不觉中自觉接受了爸爸的建议。邵蓉对爱人投以赞赏的眼光。

四、启发孩子的最有效方法

　　亮亮上六年级时，有一段时间付彩霞由于工作忙，便由爱人代为辅导亮亮的作业。

　　一天，亮亮拿着题来问："爸爸，这道题该怎么做？"

　　爸爸看了一下，原来是一道应用题。题目是：有一条水渠，甲工程队要20天修完，乙工程队要16天修完，现在甲工程队修了5天后由乙工程队去修，问两队共需多少天可以修完？

　　爸爸看完题后一步步列出算式，边写边说，亮亮也在一旁随声"嗯，嗯"着，写完算式，得出答案，亮亮高高兴兴地往本子上一抄，作业就算完成了。

　　可是问题很快就出现了。前几天亮亮才问过的同类习题他又不会做了。这到底是怎么回事？

　　其实，父母给孩子讲题，就像老师给学生上课，要想让孩子听明白，没那么容易。

　　学习是一个不断分析问题解决问题的过程，尤其是学习数理化知识就更是如此了。只有学生自己动脑筋想办法把问题解决了，才算把问题吃透了，消化了，搞明白了。这也就是大教育家孔子所说的"学而不思则罔"的道理之所在。

　　可以通过提问启发孩子。一则在提问的过程中，让孩子在不知不觉中自觉接受父母的想法；二则可以让孩子开动脑筋思考问题，想解决办法，培养孩子分析问题解决问题的能力；三则可以在一步步追问的过程把问题吃透，真正地把问题搞明白。

许多父母由于都还没有认识到这一点，所以总是习惯于用说教的方式。说教说白了，就是把结果——该怎么做，直接告诉了孩子，没有启动孩子思维，引导孩子一步步解决问题的过程。孩子自然是听不懂，搞不明白，无法理解。这也就是亮亮听完题后对于同类型题还是不会做的原因，其实就是没听懂。

亮亮爸认识到自己的问题后，再给亮亮讲题的时候就开始注意多提问，少说教，按照解题的步骤一步步提问，一步步让亮亮自己思考解题方法，他顶多也就是做一下提示。

如上述应用题，亮亮爸在给亮亮重新讲时，问道："甲工程队20天修完这条水渠，那一天可以修完全部水渠的多少？用分数说。"

"1/20。"亮亮回答。

"那甲工程队5天可以修多少？"

"5×1/20，是1/4。"亮亮略加思索答道。

"那么这条水渠还剩多少没有修完？"

"1-1/4，还有3/4。"亮亮答道。

"为什么要用1减1/4？"

"因为老师说了，做这类题，可以把总的工程量设成1。"亮亮回答。

"乙工程队16天修完这条水渠，那一天可以修完全部水渠的多少？"

"1/16。"

"那剩下的3/4水渠乙工程队需要多少天修完？"

问到这亮亮已经知道这道题该怎么做了，亮亮拿出稿纸算了一下，兴奋道："需要12天，再加上5天，修完这条水渠两队共需17天。"

以后亮亮再碰到类似的题自然也就都不在话下了。用这种方式给孩子讲题看起来要费不少时间，实际上是很经济的，这样可以让孩子一通百通。类

似的问题孩子就可以自然解了。

当然，亮亮爸不只局限于给孩子讲题上，还将这一做法推广到其他方面。

如亮亮上初中后，喜欢一边听音乐一边做作业，要是换成以前他肯定会讲一番"一心不能二用"的大道理。现在他改用提问的方式："亮亮为什么做作业要听音乐，这里有什么科学道理吗？"

"这样可以提高效率，班上好几个同学都在这么干，听说音乐可以激活大脑。"亮亮回答。

"那你实际感觉是不是这样呢？是不是会感到有些分心呢？"

亮亮挠挠头说道："是有那么一些，但有些分心。"

"你说的没错，是会造成一些分心。那到底是利大于弊呢，还是弊大于利？"爸爸又问道。

亮亮一脸困惑，摇摇头。

"这个问题我查了一下资料，最新的科学对比实验证实，音乐虽然能激活大脑，但是总的效果还是不如专心致志地学习。"爱人说道。

亮亮就这么在不知不觉中自觉接受了爸爸的想法。

五、让孩子180° 大转变的说话方式

以前给雪儿买书都是孙菊替女儿挑选，她选中了以后再推荐给女儿，雪儿常常不满意。对雪儿挑选的书，经常是这本不行，那本不好，弄得雪儿的小嘴经常撅得老高。有一次她到北京出差，看到一套非常精美的红楼梦童话版图书，便给女儿买了一套，那知雪儿只看了几页便束之高阁，让她非常不高兴。

在认识到让孩子做主及尊重孩子健康兴趣爱好的重要性后，孙菊每次和女儿到书城买书，都会事先商量好各看各的书。雪儿独自在少儿读物展区自由挑选她感兴趣的图书，孙菊从不干预，因为她知道摆在正规书店的书都是被层层严格把关的书。临走时雪儿把选中的图书给她，孙菊只要买单就可以了，很少挑挑拣拣。有时孙菊觉得有几本作文方面的书不错，就会不经意地给女儿推荐："这本《小学生作文精选》不错的，我见同事小钱的女儿就有一本，对提高作文很有帮助。你是不是要看一看？"

"是吗？好吧，那我看看，我的作文水平也该提高提高了。谢谢妈妈提醒。"雪儿自觉接受了妈妈的建议。要是换成以前，雪儿会撅着嘴说："不嘛，又让我看这些书，我不看。"

如孙菊觉得雪儿挑选的书有些重复；也会不经意地建议："这本书和那本书内容有些类同，你看是不是？"

雪儿拿过来从内容简介和目录上一对比，果然如此："妈妈，这本书就

不买了。幸亏你看出来了。"要是换成以前，雪儿会撅着嘴说："买两本书就挑三拣四，就是舍不得掏钱呗。"

为什么会有180°的大转变呢？

这是由于孙菊能首先尊重女儿的选择，加上提建议的时候常常是在不经意中提出的，又是用商量的口气，这样雪儿自然也就乐意接受她的建议。

孙菊尝到甜头后，以后凡需要父母提出不同意见的事情，她都会巧妙地用建议的方式。

如孙菊家隔壁门栋有一个叫丫丫的女孩，五岁时母亲去世，不久父亲又娶了后妈，还带了个小弟弟，从此丫丫经常是一副苦相，衣服穿得脏兮兮的，小辫也经常扎歪。

雪儿对丫丫产生了同情心，经常把她自己的好吃的拿给丫丫吃，有一年过春节还和小雪、莉莉、凯凯等小朋友突发奇想，要给丫丫后妈写一封信，让她对丫丫好一些，否则她们就联名举报，给报社写信。孙菊知道此事后，问雪儿为什么要这么做，雪儿说就是要吓唬吓唬丫丫的后妈，让她以后不敢再欺负丫丫，在丫丫的背后有我们。孙菊称赞雪儿是一个有爱心的好孩子，可这样搞不好会给丫丫添麻烦，随后孙菊建议道："要是这封信不写了，我倒有个好主意。"

"什么好主意？"

"我可以给丫丫妈妈打电话，说我们雪儿喜欢丫丫，想跟丫丫玩几天，这样就可以把丫丫接到家里过年，你说好不好？"孙菊建议道。

"哇！妈妈，太好了！我的好妈妈！"雪儿兴奋地跳起来搂着孙菊的脖子。

那年春节，雪儿和丫丫一起放礼花，一起吃好吃的，一起玩，玩得可开心了，还把压岁钱分给了丫丫一半。

六、给孩子相对自由的选择才高明

上小学一年级时，有一段时间，小强放学后不写作业，经常拖到临睡前才想起写作业。然后开始急躁躁地赶作业，不仅作业写得潦草，常常出错，还影响到第二天起床。这让张洁很是苦恼，想了种种办法都不见效。

那问题到底出在哪里了呢？

这主要是由于张洁太民主造成的。每次她提醒小强写作业时最常说的一句话是："小强什么时候开始写作业啊？"这样就无形中就给了小强有无限的可供自由选择的空间，孩子可以一会吃东西，一会玩，一会看电视，一会看漫画书，一直到最后才会想到写作业。而这个年龄段的孩子又怎么能有理性的选择能力呢？自由过多了反而会给孩子添乱。

那么具体又该如何解决这一问题呢？

我的建议是：要有条件地给孩子自由，让孩子的选择局限在一个非此即彼的小范围内，无论孩子做出什么样的选择，都最终跳不出妈妈的手掌心。

张洁也很快认识到了自己的问题，并调整了策略。

"小强，你是想先写数学作业呢，还是想先写语文作业？"张洁建议道。

"我，我想先写数学作业。"小强考虑了一下说道。

"好啊，那就马上开始。"

小强就这么在相对自由的选择中不知不觉接受了她的建议，头一遭先把作业写完了，再做其他事。

"小强你是想先听写生字呢，还是想先做数学题？"

每次小强都会在妈妈预设的相对自由的选择建议中落入她的手掌心。小强考入清华，知道此事后，跟张洁开玩笑道："谁又知道我小时候是一个总是遭到妈妈暗算的苦孩子呢？"

张洁这招不只局限于学习方面，如小强每逢过年都能收到上千元的压岁钱，上小学四年级时，他提出自己管理自己的压岁钱，张洁自然是满口答应，正好可以借此让小强学习一下理财。第一年张洁先来了个大撒手，这下可好，上千元压岁钱都被他买了喜欢的玩具，家里几乎变成了军火库，没几个月钱就糟蹋得差不多了。

张洁心想还是不能太民主太自由。第二年，她问小强："小强，你打算怎么处置这笔压岁钱呢？"

小强以为妈妈朝他要钱，连忙把钱藏到背后："这是我的钱，不给你！"

"没错，这是你的压岁钱，你有权支配它。妈妈只是想问一问，你打算怎么花这么一大笔钱？"

小强挠挠头，表示还没想好。

"既然你还没想好，那妈妈给你提个建议好不好？"

小强点点头。

"你可以拿出一部分钱买一件自己喜欢的东西，然后把其余的钱存在银行，这样钱就可以像老母鸡下蛋一样不断地又生出新钱来，这样小强的钱就会越变越多，到小强上高中、上大学的时候就可以用它来做学费。"

"妈妈，那我什么玩具都不买，把钱都存起来，是不是能生更多的钱？"

"是啊，看我们小强就是有脑子……"

七、农民送一双儿女上重点大学的秘密

会宁县有一位农民，只有小学文化程度，而他的一双儿女却分别考上了北京、上海的重点大学。当记者去采访他时，他说自己没有多少文化，哪能有什么好办法，只是白天在地里干活，晚上在家里与孩子一起学习。由于他没有上过中学，许多知识都不懂，只有一边看书一边向儿女请教，这让他学到了不少知识。可让这位农民父亲没有想到的是，在这一过程中孩子们进步得很快，本来两个孩子学习成绩平平，没两年便成了班上的尖子生，最后都顺利地考上了大学。

在与表妹讨论中认识到，这是因为父亲在向孩子请教时，很自然地就把孩子摆在了老师的位置上，而自己却以学生自居，无意中给了孩子更高的尊重（相比于与孩子平等相待），这样很自然地就能接收家长的想法。同时，孩子在以老师自居时，自然也就有了自信心，认为自己能行，这样学习能力也就会迸发出来，许多以前解决不了的问题现在就能够解决。还有孩子为了维护自己的尊严，为了不被父亲这个学生问倒，就会积极主动地学习，认真听课，好好做练习。这三项下来，孩子学习成绩不上去才怪了。难怪著名教育专家孙云晓曾言："向孩子学习，两代人共同成长。向孩子学习，是成年人真正成熟与睿智的标示。"但在中国，能深刻认识到这一点的家长毕竟是个别，许多家长由于深受家长制意识的影响，与孩子平等相待都难，更别说是拜孩子为师，向孩子请教了。

表妹深受启发，她要把会宁农民在家庭教育中的无意变成自己在家庭教育中的有意。

周末，她送女儿到少年宫学习舞蹈，在楼下花园等候时，看到一位年轻妈妈正在纠正女儿拉小提琴的姿势，由于口气生硬，女儿噘着小嘴，爱听不爱听的。这时年轻妈妈更生气了，又指责女儿上班不注意听讲，连拉小提琴的正确姿势都没学会，说了多少遍拉琴头要抬高，可没过一会头又低下去了……女儿咬着嘴唇眼角含着泪花，不管妈妈怎么说就是脖子不给筋不转。这样局面要是再发展下去，十有八九会演变成一次家教暴力。这时表妹走到近前，一边看着女孩拉琴，一边自言自语道："嗯，拉得不错。"女孩先是一惊，随即眼角闪出了一丝笑容，曲子拉完，表妹鼓起掌来，此时女孩的脸上已经写满了笑容。

"来让阿姨看看这把小提琴。"

女孩把琴递到表妹手上，表妹把琴夹在脖子上，摆出拉弓的样子，随后叹息道："我小时候也想学拉小提琴，可就是不知道怎么拉，你能教一教阿姨吗？"

"好啊，我来教你。你蹲下，应该这样拿琴，对应该这样，琴头朝上，怎么又低下来了，朝上，对朝上。"

表妹比画了几下都不对点，小女孩拿过小提琴边拉边像老师给学生讲课一样示范道："拉的时候琴头要始终朝上，就这样。"站在一旁的妈妈整个看呆了似的，眼睛里流露出欣慰的笑容。随后女孩又拉了一支曲子，曲调自信优美动人，赢得了围观人群的一片喝彩，刚才还眼含泪水的小女孩此刻变成了快乐自信的小天使。

上完舞蹈课，表妹和娜娜行走在张掖路步行街上，"老师要求每个学生腿踢起来后都要能够着鼻尖。从上周我就开始练，练得腿都疼了，怎么都够不着，学芭蕾舞怎么这么难。"小娜娜畏难道。

表妹心里一咯噔，换成以前她肯定要跟女儿讲道理，让女儿认识到越是这个时候越是要坚持，可这次想换种方式看看效果如何。她告诉女儿，上高一时学校开运动会，她报名参加跳远比赛，为了取得好成绩，她每天下午都到操场去练，练了半个月，腰酸腿疼，连屁股都摔肿了，可长进不大，于是便打算放弃。"要是换成你在这个时候该怎么办？"表妹请教道。

小娜娜像小大人似地思考了起来。

表妹见女儿不知道该如何回答，便启发道："这时体育老师走过来跟我说，越是这个时候就越是到了快有大的突破的时候，成功和失败就在这半步之遥。"

"越是这个时候越是要坚持！"小娜娜脱口而出道。

"没错。听了体育老师的话后，我又坚持练了一周，果然有了大的进步，在运动会上我拿了第二名。"表妹说道。

"妈妈我明白了，我现在练踢腿也是一样，越是这个时候就越是要坚持。"娜娜恍然大悟道，说着做了个踢腿的动作。接下来娜娜无需父母督促又自觉且信心十足地练了几天，很快便达了标。表妹就这么在不知不觉中把自己的要求整个变成了女儿自己的想法和行动。

方面八

妈妈应这样让孩子改错归正

孩子犯错后，许多中国妈妈都会直接指出孩子的不足，这不仅会挫伤孩子的自尊，还会引起孩子的反感及本能性的自我辩护。正如十大杰出中国母亲杨文教授所言："人天生是一种喜欢接纳鼓励和抚慰的动物，而对批评则本能地就会产生敌对和冲突。一个人受到批评和责骂时，辩解是一种很自然的反应。"这就导致妈妈在常常不仅解决不了任何问题，还会引发许多矛盾和冲突，破坏亲子关系。

那么又该如何巧妙地解决这一难题呢？

现在心理学研究表明：只有用暗示的方式才能让孩子既认识到自己的不足，又可最大程度地消除孩子的抵触情绪，并让孩子自觉地改正错误。

一、给人刮胡子要先涂肥皂水

大志上学前班时，老师反应大志在家写的字不认真，乱七八糟，而在学校写起字来却挺认真，要工整多了。邵蓉感到奇怪，拿来一比，果然如此，这到底是怎么回事？

原来这是她在教育孩子的方法上出现了问题，她在家指导大志写字时，是先直接指出大志的哪些字写得不好，然后要求大志擦掉，改过来，有时一些字写了好几遍还写不好，难免会受到她的批评。这样大志在家就越来越不爱写字，写起字也会感到紧张，烦躁，就更写不好了。而学前班老师的做法却正好相反，她们是先对孩子写得好的字进行肯定，甚至大加赞赏，让孩子们美滋滋的，然后再让孩子们检查一下哪些字还写得不好，需要擦掉重新写。这样孩子们就愿意自觉接受老师的意见。

美国前总统柯立芝的女秘书长得非常漂亮，但工作经常出现差错。要是换成其他领导，肯定会当面指出来。而他的做法却正好相反。一天，柯立芝看见女秘书走进办公室，便对她说："今天你穿的这件衣服真漂亮，正适合你这样年轻的小姐。"

女秘书的心里自然是美滋滋的。

接下来柯立芝又说道："但你不要骄傲，我相信你处理的公文也能和你一样漂亮。"

从那以后，女秘书就自觉纠正了自己的行为，处理公文时就很少出错了。一位朋友好奇地问柯立芝："这个方法很妙，你是怎么想出来的？"

柯立芝笑道："这很简单，你看过理发师给人刮胡子要先涂肥皂水吗？这是为什么？就是为刮起来不疼。"

大志学前班老师和美国前总统柯立芝采用的其实都是同一个方法——即先赞后暗示不足的方法。毫无疑问，这是一条非常有效通过暗示孩子不足引导孩子自觉自愿改变自己的错误行为。

在人得到赞美时，会产生愉悦之情，此时心机会处在"开"的接纳状态，它能抵消因指出不足所产生的不满情绪。再者，暗示不足，并非明示，它能顾忌到对方的尊严。这样就既能让对方认识到自己的不足，并自觉接受意见，又不会引起反感。这样就会使忠言变得顺耳，而不是逆耳。这也就是柯立芝所说的刮胡子涂肥皂不疼的道理之所在。

邵蓉在认识到自己的问题后，再检查大志的作业时，每次都先花时间找出他写得较为工整的字，然后就对他说："嗯，这几个字写得很不错，如果其他字也这么写就更好了。"这一招果然管用，大志在家的作业也写得越来越好。

大志上小学后，由于调皮捣蛋被老师请过两次家长，有一次班主任毫不客气地说："你的儿子太好动了，屁股上像是长了钉子，坐不了三分钟就开始交头接耳，有时还下座位乱跑。"

回家的路上，大志问妈妈老师跟她说了啥。要是换成以前，邵蓉肯定会直接指出孩子的问题，甚至要批评几句，而此次她却对大志说："老师表扬你了，说你最近进步很大，原来只能在板凳上坐一小会儿，现在能坐五分钟了。你想不想做得更好啊？"

大志听后美滋滋的："我以后上课还能坐更长时间。"果然，大志在课堂上的表现一天比一天好，上课下座位乱跑的事到二年级就没有了。

有一次，大志和小虎在楼下玩时，故意把一个放在一旁的童车给推倒

了，年轻的妈妈很生气，大志连忙把车扶起来。这一幕被下班回家的邵蓉撞见。换成以前她肯定要批评大志几句，然后责令他道歉。此次，她一反常态，笑眯眯地跟大志说道："嗯，大志是个好孩子，能知错就改。要是你再能向阿姨道个歉就更好了。你说对不对？"

大志鬼脸一笑，自觉地跑过去向年轻妈妈道歉。

二、让孩子立刻改变自己的方法

有一个小男孩六岁半了还和父母睡在一张床上，之前他们鼓励小男孩一个人睡，小男孩都以各种各样的理由拒绝。他们也试过让小男孩自己睡，但睡不了几分钟，就又跑到他们的大床上，赶都赶不走，他们只好放弃让小男孩自己睡的打算。六岁半过一些的时候，妈妈无意中给小男孩讲了一个《我长大了，我要一个人睡》的睡前故事，没想到奇迹便发生了。小男孩听完故事后，突然宣布："我长大了，我也要一个人睡！"

"什么？你要一个人睡！"父母都惊呆了。

小男孩认真地点点头，他们想这只不过是儿子一时冲动罢了。可出乎意料的是，睡觉时小男孩怎么也不跟他们一起睡，非要一个人睡。父母只得顺从。从此以后，小男孩便自觉地开始一个人睡，不哭不闹，睡得很稳，连过渡期都免了。

这件事引起了我强烈的好奇，难道给孩子讲一个故事就能起到如此神奇的效果？

经过思考我认识到，这是通过讲他人的故事暗示孩子也存在这一不足，并通过故事晓以利害，故事中的主人翁又起到了榜样作用，所以才收到了如此神奇的效果。

那么这一方法是不是真的很好使呢？

庄明兰想让晶晶从小学会礼让，可想了种种办法都不好使。有一天她打电话问我，我便给她介绍了这一方法。

庄明兰的脑子很快，她马上想到了孔融让梨的千古佳话，我马上表示赞同。孩子不懂礼让是认为把自己的东西让给别人就是失去，谁愿意失去自己的东西啊。要是能让孩子认识到失去就是一种获得，而且获得的常常比所失去的东西更多，这样孩子自然就愿意礼让。这一千古佳话既可以通过暗示让孩子认识到自己的不足，又正好可以解决这一问题。

当天晚上庄明兰便把它作为睡前故事讲给了晶晶。晶晶听得津津有味，第二天，她又让妈妈给她讲孔融让梨的故事，就这么一连讲了好几遍。

检验成果的时候到了，这天她带着晶晶到滨河路散步，忽然问晶晶："如果现在咱俩口渴了，而我们又没有水，但你的书包里有两个苹果，你会怎么做呢？"

晶晶挑起眯缝眼想了一会，说道："我会一个苹果咬一口。"

"一个苹果咬一口？为什么？"庄明兰的心一下凉了半截。

"我要把最甜的那个苹果给妈妈吃呀！"晶晶不假思索地说道。

庄明兰一阵惊喜："哎哟，我的女儿这么快就学会礼让了，真高兴死我了！"

一次，到奶奶家，庄明兰端了一盘水果让晶晶分，晶晶自觉地拿出最大的两个先给爷爷奶奶，其次是爸爸妈妈，自己拿了一个最小的。

在家里，每当自己有什么好吃的，晶晶也都能自觉地先让给爸爸妈妈吃。

晶晶看起来是个心细的女孩，可有时又很粗心，考试的时候经常因为粗心大意而失分，如把"÷"看成"＋"，审题粗心，计算失误更是常有的事，使她在考试中无法得到高分。为此庄明兰和爱人提醒过她多次，可晶晶总是不太当回事，旧习难改。此次，庄明兰想用故事类比的方式，看看效果如何。

庄明兰给晶晶讲到，乌鲁木齐有家生产包装袋的企业，因为包装设计人员粗心，把"乌鲁木齐"写成了"鸟鲁木齐"，结果使印刷出来的包装袋全部报废，损失高达25万元。

同样是一点粗心大意，在宁夏有一座大桥，因工程师计算失误造成这座桥只建造了一半到现在都撂在了那里，从而造成数千万元的巨大的损失。

更加让人触目惊心的是，美国"挑战者"号航天飞机，因为小小的检查失误，造成7名航天员牺牲，损失高达14亿美元。

晶晶听了这三则故事后，深受震撼，高度重视并自觉地开始改正自己马虎的坏习惯，考试成绩也一下子又上了一个台阶。

三、像卡耐基那样让孩子自觉改正错误

成功学大师戴尔·卡耐基家附近有一座美丽的公园，他茶余饭后经常到那里散步，时常发现一些孩子在公园里玩火。为了避免造成火灾，卡耐基只要看到就上前责令孩子们把火熄灭，可孩子经常把他的话当成耳旁风，这让卡耐基很是恼火。于是他便开始恐吓孩子们，要是不听话他就把警察喊来。孩子们这下老实了，可他前脚走，后脚孩子们又架起火堆。

经冷静思考，卡耐基认识到是自己之前的方式有问题，难怪孩子们听不进去。那么又该用何种方式才能让孩子们认识到自己的错误并自觉改正呢？

很快卡耐基便有了主意。一天，当他看到有孩子玩火时，便充满同情地对孩子们说道："孩子们，这非常好玩，是吗？我小的时候也爱玩火。但是，你们知道，在公园里玩火非常危险，常常导致火灾发生，烧毁树林。因为玩火，你们也可能被捕入狱。我不是要剥夺你们的快乐，我喜欢看到你们快乐。但是为了避免发生火灾，请你们现在把火堆周围的树叶弄开一些，回家时用土把火盖起来好吗？下次玩火时，请你们到山丘那边的海滩上去玩好吗？那里不会有危险。"

这次卡耐基说的话在孩子们中间起了作用，孩子们不仅积极配合，而且渐渐地就不再在公园里玩火了。

那卡耐基这番话的奥妙又在哪呢？

一是同情。这样就能设身处地站在孩子的立场上，对孩子们的玩火行为给予相对的尊重和理解，这样对孩子的态度也就有了根本性的变化，说出口的话孩子才愿意接受。还有，立场也发生了根本性的变化，之前是站在孩子们的对立面，现在整个站在了一起，成了孩子们的同伙，自然也就消除了隔阂。孩子们自然也就更乐意自觉接受他的建议了。

二是通过暗示让孩子们认识到在公园里玩火的危险，让孩子们认识到这种做法是错误的。

三是正向引导。告之孩子玩火的时候把火堆周围的树枝、树叶弄开一些，玩完火以后要注意用土盖上。下次玩火的时候最好到山丘那边的海滩上。

这才是卡耐基此次与孩子们谈话后收到非同寻常效果的三个深层原因。这显然也是一条非常有效的通过暗示孩子不足引导孩子自觉改正错误的好方法。

小强上二年级时，有一天放学回家，噘着小嘴，一脸怒气，一进门便把书包哐的一声扔在桌子上，吼道："李健是个王八蛋，我放学回家的路上，他故意在我脚下使绊子，把我摔了一跤不说，他还骂我是尖嘴猴……看我明天上课不收拾他才怪了！"

张洁爱人一听又火了，训道："还是老毛病，光说别人不说自己，一个巴掌拍不响，李健会无缘无故地给你脚下使绊子吗？你不得罪他，他会这么干吗？

"我不跟你说了，你总是向着别人说话！"小强脸也不洗，摔门冲进了自己的房间，趴在桌子上呜呜地哭了起来。爱人想进去与小强理论，被张洁劝住。张洁走进去，摸了一下小强的头，同情道："妈妈能理解你，在外面受了委屈，心里肯定不好受，换成妈妈也是一样。你要哭就哭吧，哭出来，喊出来，心里就会好受一些。"

小强听妈妈这么说，心情一下平静了许多。

"小强是个好孩子，虽然调皮捣蛋一些，但我相信绝对不会随便惹是生非，既然李健对你那么不友好，是不是有什么原因？"张洁问道。

"我不过是在体育课踢足球的时候，不小心踢到了他的脸上，可我又不是故意的，他凭什么报复我？"小强一脸疑惑。

"小强说的有道理。可李健怎么知道你不是故意的？你向他解释、道歉了吗？"张洁轻声问道。

小强一下脸红了："妈妈，我知道问题在哪了，我，我没有向他解释，道歉，他可能以为我是故意的，所以……"

"嗯，小强分析得很有道理。认识到自己的错误就好，下次注意就是了。"

"妈妈我知道了。"

看来，这的确是一个能让孩子认识到自己的错误并自觉改正的好方法。

四、让孩子立马认识到自己错误的妙招

宋诗诗刚把家打扫干净，文文就把瓜子皮扔到了地上，宋诗诗有些不高兴，说了文文几句并把地重新扫干净。可不一会文文又把瓜子皮扔到了地上，还有花生壳，这下宋诗诗火了，训斥道："你怎么这么不自觉，我看你今天是成心跟我作对！"

文文也耍起了犟脾气："难道瓜子皮不扔在地上还让我吃到嘴里吗？"

"做了错事还犟嘴，我看你整个是无法无天了！"宋诗诗抬手打了文文一巴掌，并责令文文站到客厅一角，面壁思过。

文文见妈妈真的生气了，捂着小脸一声不吭地站在墙角，眼泪扑簌簌地一个劲地往下流。这是宋诗诗很少几次打文文的一次，过后她也感到很后悔，很心疼，可这姑娘怎么就不知道爱惜别人的劳动成果呢？

宋诗诗来到我家，我给她讲了春节小品《我和爸爸换角色》。小品内容是老师给孩子布置了一篇作文——《我和爸爸换角色》，由于爸爸经常不在家，于是老师家访，让爸爸和儿子当场通过互换角色来完成这篇作文。

当儿子和爸爸互换角色后，儿子拿腔作势开始学着爸爸的样子说话：

爸爸（扮演儿子）：爸，我回来了。

儿子（扮演爸爸）：叫唤什么？吓我一跳，考得怎么样啊？

爸爸：这次考得不好，考了个倒数第一。

儿子：倒数第一？平时不都考倒数第二吗？

爸爸：我一直都是倒数第二，成绩很稳定。可这次考倒数第一的那个人没来，我的成绩就落到倒数第一了。

儿子：你小子怎么上的学呀？你眉毛底下那俩窟窿眼是出气的呀？

爸爸：我眉毛底……我这是俩窟窿眼吗？

儿子：你平时就是这么说我的……

爸爸：你胡说，我是像你这样吗？啊？

儿子：你平时就是这样的，我还给你打折了呢！

……

宋诗诗刚才还紧绷的脸被逗乐了，这爸爸通过和儿子互换位置，马上就认识到了自己在平时对儿子说话中的问题，并开始当着老师的面抵赖。

"是啊，我们做父母的为什么不能通过引导孩子换位思考认识到自己的错误呢？"我随口说道。

宋诗诗若有所思，回到家中，"文文，请你过来一下，妈妈有事情跟你商量。"

文文乖乖来到面前，一双眯缝眼已经肿了起来，宋诗诗蹲下身给文文擦擦眼泪，并给文文道了歉，说她气头上打孩子不对。然后宋诗诗说道："要是你用积木搭的城堡被妈妈推倒了，你会高兴吗？"

文文摇摇头说："不会。"

"要是妈妈故意把城堡推倒了，你是不是会更生气？"宋诗诗进一步引导道。

"是！那就是坏妈妈。"文文说道。

"文文说的没错。因为这是你的劳动成果，别人故意破坏你肯定要生气了。同样的道理，你辛辛苦苦把地刚扫干净，妈妈就往地上乱扔瓜子皮，破坏你的劳动成果，你能高兴吗？"

文文又摇摇头说道："不。妈妈我知道我错了。我不该往地上乱扔东西，我下次再也不这样了。"文文很快便认识到了自己的错误。

"嗯，我们文文就是懂道理。妈妈相信你一定能做到！"宋诗诗说着把文文搂在怀里。

为什么这一方法会收到立竿见影的效果？

这是由于人说话做事的时候都会本能性地从自我立场出发，这样就会以自我的标准为标准，是认识不到自己的问题的，通过引导换位思考，很自然地就能体会到对方的感受，通过将心比心，马上就会认识到自己之前在行为中所存在的问题。

宋诗诗在尝到运用这一做法的甜头后，便开始多方运用。

有一次，宋诗诗带文文到弟弟家玩，她看上了超超的一件青蛙玩具，弟媳说要送给文文，可宋诗诗觉得超超也很喜欢这件玩具，怎么能夺人所爱呢？于是便没有答应。可回到家中，她发现文文竟把青蛙玩具带回家了，这还了得，这不就是偷吗？虽然孩子还小，不知道这么做的性质，可要是换成以前怎么也要狠狠地教训一番，可此次宋诗诗决定换一种方式。

"要是超超来咱家玩，把你心爱的玩具带回家了，你发现自己心爱的玩具不见了，你会怎么样？"宋诗诗问道。

"我会着急，我会哭。"文文怯生生说道。

"那你不打招呼把超超的青蛙玩具带回了家，要是超超发现他的青蛙玩具找不见了，是不是也会急？也会哭？"

文文点点头，说道："妈妈我错了，我不该偷偷把弟弟的青蛙玩具拿回家。我以后再也不这样了。"

随后，宋诗诗与文文商量，让文文给弟媳打电话，说她把青蛙玩具带回家了，玩两天就送回去，让超超别着急。

文文上二年级时，一天放学回来说她班上有个小老鼠，宋诗诗感到奇怪，怎么教室里还有老鼠？经文文解释才知道这是班上同学给一个女生起的外号，因为这个女生长得小，说起话来细声细语，班上同学都这么叫她。

"你这是对同学的不尊重，会引起矛盾。"宋诗诗一针见血指出道。

　　"我怎么不尊重同学了，同学都在这么叫。"文文不解道。

　　宋诗诗已经意识到了自己的方式不对，太生硬了，于是马上用引导孩子换位思考的方式问道："要是有同学这么叫你，你高兴吗？"

　　"这是骂人的话，我当然不高兴了！"文文本能地反射道，"噢，妈妈，我知道我错了，下次再也不了。"

五、我们不让你玩坐火车游戏，你是不是很难受？

亮亮五岁时，爸爸到广州出差，给他买了个桌球，亮亮喜爱得不得了，每当有人来时，便操起杆子显示一番。这天小花、巧巧都凑巧来家玩，小花一下子被五颜六色的桌球给吸引住了，想凑过来和亮亮一起玩，亮亮坚决不让，"这是我爸爸从广州给我买的，不许你玩！"

小花无奈只得向付彩霞求助，可她劝了半天也没用。

"好吧，我也要让你体验一下不让你玩的滋味。"付彩霞这时已经有了治亮亮的办法。她把小花、巧巧叫到一起，关上门，三个人玩起了坐火车游戏。玩得有滋有味，笑声不断传到亮亮的耳朵里。受到冷落的亮亮一个人玩起来没意思，也想过来凑热闹，可没人搭理他。

"妈妈，我也想玩坐火车游戏。"亮亮可怜兮兮道。

"刚才你不让小花姐姐玩桌球，我们也不让你玩坐火车游戏。"说着付彩霞抱着站牌，小花抱着车头，巧巧拿着轨道，一起到了阳台上玩，故意把亮亮晾在一边。亮亮一个人极不自在地站在那儿，可怜兮兮的。

这时，付彩霞招手把亮亮收到身边，低声问道："我们不让你玩坐火车游戏，你是不是很难受？"

亮亮点点头。

"那你刚才不让小花姐姐玩桌球，小花姐姐心里是不是也很难受？"

亮亮又点点头，嘟囔着说道："妈妈，我错了，我刚才不让姐姐玩不对。"

　　"既然亮亮已经认识到了自己的错误，就是好孩子。"随后他们一起玩坐火车游戏，玩完后又一起打桌球。那天，小花、亮亮、巧巧都玩得很高兴。

　　让一个半大点的小男孩学会在玩上面自觉礼让不容易，孔融让梨让的是果子，是吃的，通过讲故事的方式让孩子容易感受到。可玩是精神层面的东西，孩子难以理解，付彩霞通过这种让孩子体验的方式，让孩子自觉认识到自己的错误，不失为一个好办法。

　　当然，通过让孩子体验认识到自己的错误不只局限于此。

　　亮亮上二年级时，老师反映亮亮走起路来爱用手搭同学的肩或搂同学的脖子，经常弄得同学不舒服。

　　付彩霞留神观察了一下，亮亮的确有这些问题，但他的本意是善意的，是对同学表示友好，只是不知道这样做会弄得同学不舒服。

　　那么又该如何让亮亮认识到自己的不足呢？

　　这让我想到了老卡尔·威特的教子故事。有一次小威特拽着一条狗的尾巴乱跑，正好被老卡尔·威特撞上，他一把将儿子拉住，然后抓住儿子的头发就往外拉，小威特嗷嗷直叫，这时老卡尔·威特才松开手，告诉他："你现在的感觉就像你刚才拽狗尾巴狗的感觉一样。"小威特这才认识到了自己的错误，以后再也不这么干了。

　　付彩霞如法炮制，在接亮亮回家的路上，一会把手搭在亮亮的肩上，一会又搂住亮亮的脖子，故意弄得亮亮很不舒服："妈妈，你讨厌不讨厌，你说话就说话，手别上来行吗？"

　　付彩霞连忙向亮亮道歉，并提示道："妈妈这样弄得你很不舒服，你在跟同学走路时这样做同学是不是也会很不舒服？"

　　亮亮马上自觉认识到了自己的问题，以后跟同学同行时就很少再搭肩搂脖了。

六、这也是一个让孩子改正错误的好办法

对于一些孩子既没有体验又无法让孩子进行体验的事情又该如何引导孩子换位思考呢？

我上小学的时候，上学的路上有一户人家的孩子痴呆，脏兮兮的，流着口水，经常坐在院门口，一个人傻笑。来来往往的小学生经常取笑他，朝他扔石子，喊他傻子，然后一哄而散。有一次我也加入到起哄者的行列，这时见一个老妈妈出来，泪流满面地哭道："你们还是孩子我不怪你们。可他是个傻子，你们难道就不能可怜可怜他吗？"

老妈妈的样子从此刻印入了我的脑海中，以后我再也没有加入到起哄者的行列，是老妈妈的语言和情绪深深地感染了我，使我同情。

表弟媳有一次带儿子到火车站买车票，在通往售票厅的广场上，儿子看到一只脚有残疾的人正一瘸一拐地艰难前行。儿子好奇，也学着那人的样子，撇着腿走着，还一边得意扬扬嘻嘻地笑着。表弟媳发现后立即喝止了儿子，儿子乖乖地站在那。可接下来该如何让儿子认识到自己的错误行为，她却犯了难，斥责、说教这显然不是什么好办法，引导孩子换位思考，他又没有这样的体验，让孩子去体验，又怎么让孩子去体验，总不能打断儿子的一条腿让他亲身去体验吧？

想到这，表弟媳决定用语言感染孩子，让孩子体验到对方的苦楚，从而认识到自己的错误。

等那人走远了，表弟媳对儿子说："那个叔叔腿有残疾，你看他一步一步走开了有多艰难，有多吃力，每一步都要忍受巨大的痛苦。妈妈有一次把脚崴了，走一步都难。不仅如此，他还要遭受人们的歧视、嘲笑，你想想他不仅身体上苦，心里也苦，这样的人，我们是不是应该同情才是？"

这时儿子的脑袋已经快垂到了胸前："妈妈，我知道我刚才不对，不该那样……"

七、那你说爸爸偷钱该不该揍？

同事小马的儿子上二年级时，偷了妈妈十块钱，在校门口摊子上买东西时被前去接他的保姆看见了。这样的行为换成许多妈妈都会大发雷霆，严加管教。可小马不想这么做，小孩子犯错上帝都能原谅，完全没必要大动干戈，小偷小摸小骗的行为哪个孩子都有，当然也不能听之任之。那么该如何既不伤害孩子的自尊，又能让孩子认识到自己的错误并加以改正呢？

"俗话说'旁观者清，当事者迷'，为什么不能把孩子引导到旁观者位置上，让他论论是非呢？这或许也是一种不错的引导孩子换位思考的方式。"我在电话中说道。

吃晚饭的时候，小马的爱人若无其事地对儿子说道："儿子，爸爸讲一件事，是爸爸的亲身经历，你给评评理。爸爸小时候，有一次偷了爷爷五块钱买冰棍吃，爷爷知道后把爸爸狠狠揍了一顿，还罚跪搓板。爸爸哭得很伤心，心想不就偷了几块钱嘛，你凭什么揍我？儿子你说爸爸偷爷爷的钱对不对？"

儿子低着头小声说道："爸爸偷钱不对。"

"那你说爸爸偷钱该不该揍？"爱人又追问道。

"该揍。"儿子的声音更小了。

"儿子说得对。爸爸也认为自己不对，不仅把花剩下的钱如数退给了爷爷，还写了一份检查。以后再也没有偷过爷爷的钱。"爱人继续说道。

话说到此，他们就再也没提此事。儿子吃完饭赶紧回到自己的小屋写作业。

第二天早上起床，小马在客厅的茶几上看到一张折叠起来的作业本纸，打开一看里面夹着八块钱，纸上还工工整整写着字，是儿子写的检查。从那以后，儿子再也没有偷过家里的钱。

该方法的妙处是能让孩子处在旁观者位置上，清楚认识到自己的错误，然后产生悔过心理，且这么做还可以不伤害孩子的自尊。

八、诗人米哈依尔调教捣蛋孩子的美妙方法

苏联著名诗人米哈依尔，一天回家看到一家人慌作一团，他的母亲正在给医院打急救电话。原来，他的小儿子舒拉为了出风头，竟然把一瓶墨水当果汁喝进了肚子。整天舞文弄墨的米哈依尔知道这不至于让孩子中毒，可他要借机好好收拾收拾这个爱出风头的小家伙。

米哈依尔一脸轻松地问儿子："你真的喝了墨水吗？"舒拉得意扬扬地坐在那里，晃着小脑袋伸出了长长的舌头，上面沾满了墨水，并做了一个大鬼脸。

米哈依尔也不生气，站起身从书房中拿出一沓吸墨水的纸来，递到儿子手上，说道："唉，现在已经无药可治了，看来，你只有把这些吸墨纸像马儿一样的嚼碎，吞到肚子里，才能把肚子里的墨水吸干净了，而且还可以当晚餐。"

"什么？让我把这些纸吃了，还让我当晚餐！不！"舒拉从椅子上跳了起来。

"对，就让这个爱出风头的小家伙把纸给吃了，既吸墨又可以当晚餐，相信味道一定不错……"一家人在嘻笑中起哄道，舒拉左挡右架连连告饶："你们就饶了我吧，我以后再也不敢出风头了，还不行吗？"

一场虚惊就这么被米哈依尔的一句玩笑话冲到了九霄云外，舒拉要出风头的愿望也整个落空，还遭到家人的嘻笑，以后便再也不出风头了。

那么该方法的奥妙又在哪里呢？

首先，通过玩笑话会把孩子逗乐，同时创造一种友善的氛围，这样孩子的心机就会处于"开"的状态，就可以消除对立，较容易接受父母的建议。要是米哈依尔一上来就指责孩子，孩子本能地就会抵触及自我保护，心理马上就会处于"关"的状态，此时父母再说什么孩子都难以听进去。

其次，这是暗示孩子的问题，并没有直接指明，这样不仅可以最大程度地保全孩子的尊严，同时还可以进一步减少孩子的抵触。

同事小赵也很善于用此法。一天吃午饭时，儿子圆圆一直在兴致勃勃地摆弄他的那些枪械，一会是持冲锋枪"啾、啾、啾"地瞄准射击，一会又是匍匐前进，一会又拿矿泉水瓶、饮料瓶做手榴弹"咣、咣"地投弹，整个客厅"战火纷飞""硝烟弥漫"，爱人喊了几次吃饭，正玩在兴头上的圆圆都说再等一会儿。

"圆圆，你这仗打得也真够热火朝天的。可战士光打仗不吃饭怎么行呢？只有吃饱了肚子才能打胜仗，你说对不对呀？"小赵玩笑道。

圆圆听妈妈这么说，回过头来扑哧一笑，便自觉地收起冲锋枪洗了把手到桌子吃饭，"是啊，妈妈说的对，只有吃饱了肚子才能打胜仗。"圆圆自言自语道。爱人看了小赵一眼，会心一笑，心想这个法子还真灵。

又如圆圆上初中后，就像许多中学生一样爱听流行歌曲，一天晚上写完作业便开始听，且声音还调得挺大，爱人提示了几次都不见有反应，便火上来了，想喝止圆圆，被小赵给拉住了。

她走到圆圆门口，敲敲门用商量的口气说道："圆圆能把你的音响借给我们用一下吗？"

"怎么，妈妈，你们也要听流行音乐？"圆圆好奇地问道。

"不。我们是想关掉它，让它和我们一起休息。"小赵玩笑道。

圆圆一下被逗乐了，做了个鬼脸，连忙自觉地关掉音响，"妈妈对不起，我只顾自己听了，没想到……"

九、比较暗示让孩子以后不再干蠢事

大志上学前班时，有一次带着他的三辆崭新的玩具车到学校玩，回来时手里只剩下一辆破旧的小汽车。这辆破旧小汽车五辆都不抵大志一辆新车。邵蓉感到纳闷，连忙问大志是怎么回事。大志说是用他的三辆车跟同学换的，这种小汽车他以前没玩过。说着大志开始在地上摆弄他的破旧小汽车，玩得很开心。

三辆新车换一辆破旧小汽车，邵蓉心里面的五味瓶一下被打碎了，可她一时不知该怎么跟大志说才好，她需要把自己的思路理清楚了再说。

在与我的讨论中，邵蓉认为孩子还小，还没有商品的价值观，只是图一时新鲜，父母应该给予相对的尊重和理解才是，所以她没有批评指责大志是对的。再者，孩子的事情应该让孩子做主，汽车是大志的，大志有权决定是送人，还是与别人交换。想到这，邵蓉的心窝感到通畅了许多，她暗自庆幸自己没有责怪孩子。

那么这是不是就值呢？只要孩子感到快乐就值。那辆小破车大志还不是玩得很高兴吗？想到这，邵蓉的心气也整个被疏通了。

针对邵蓉的问题，我给她讲了一个德国妈妈教子的故事：

在德国，一个星期天，一位中国妈妈带着六岁的女儿到公园玩耍，很快女儿便和一个德国小男孩玩在了一起，并用自己的小纸飞机换了辆崭新的小汽车。女儿的纸飞机顶多值5美分，而这辆小汽车少说也要值20美元，这怎

么可以？

中国妈妈带着女儿连忙来到德国小男孩及母亲面前，要求退还。德国小男孩母亲却一口拒绝："孩子是小汽车的主人，他有权做出这样的决定，我们无权干涉。"随后又说："您的女儿喜欢，小汽车就是她的了。过一会儿，我会带孩子到玩具店去，让他看看小汽车值多少钱，一辆小汽车能换多少架纸飞机，让孩子认识到自己的错误，自然以后就不会再干这样的傻事了。"

德国妈妈的故事引起了邵蓉的思考，她在前半部分的处理上与她一样，都是对孩子的不成熟行为给予相对的尊重和理解，都尊重孩子的决定。可在后半部分处理上却大相径庭，德国妈妈是带孩子到玩具店，通过比较暗示让孩子认识到自己的错误，让孩子在对商品价值评判上逐步走向成熟，而她则是变相地默认了孩子的不成熟行为，听之任之，还冠之以只要快乐就好的错误观念，一粒新奇的石子带给孩子的新奇感和快乐可能比一粒钻石还高，难道石子的价值就比一粒钻石高吗？人类对事物的价值判断有一个普适标准，这说明大志在商品价值判断上还很不成熟，需要她像德国妈妈那样让大志认识到自己的错误。

邵蓉认识到了自己的问题后，趁周末她和爱人带大志到汽车市场看了同款型的轿车新车值多少钱，然后到二手市场上看同款型的旧车值多少钱。

"妈呀，新车要25万，旧车才5万，差20万！"大志惊道。

"而且你是用三辆新车换了一辆旧车，那亏吃的就更大了。"爱人在一旁说道。

"可我的是玩具车，这都是能开着跑的真车。"大志脸涨得像猴屁股。

"那也只不过是一个大一个小，一个贵一个便宜的区别罢了，可不管怎么说通常相同的东西新的都要比旧的值钱。"爱人说道。

"那，那我不是吃了大亏了！这我不干，我明天就要换回来……"大志急得几乎要哭出声似的说道。

后来，邵蓉又让大志认识到，人要讲诚信，说出来的话要算数，除非事先有约定，否定交易了就不能再换了，只能吸取教训。

十、大教育家陶行知的小红圈

当年陶行知在育才学校任教时，班上有一个女生考试中少写了一个标点被扣分。试卷发下来后，女生添上标点找陶行知来要分。换成其他老师肯定会一针见血地指出，并严厉批评。而陶行知虽然从墨迹上一眼就看了出来，可他什么也没说，且满足了女生的请求。只是在那个标点处重重地圈了一个红圈，女生顿时羞得脸比红圈还红。多年以后，那个女生已经成人成才了，她找到陶老说："从那件事后，我才决心用功学习，才下决心做个诚实的人。"

陶老这一点到为止的举措，不仅保全了这位女生的面子，对其行为给予相对尊重和理解——给她加了分，同时也让这位女生认识到了自己的问题——应该靠努力学习获得分数，而不是靠弄虚作假，要诚实，而不是搞欺骗。也正是因为陶老这一点到为止的举措才收到了如此出奇的效果。试想，如果陶老也像许多老师和父母那样一针见血地指出来，由于损伤女生的自尊，这样女生肯定会竭力掩饰和狡辩，不仅不利于改正错误，还会弄得师生不和。

可就这么一个"点到为止"看起来容易，而真正要想做到却不是一件容易的事。许多妈妈在指出孩子不足时，不仅太直截了当，且喋喋不休，唠叨个没完，这样就会伤了孩子的面子，引起抵触及反感。

付彩霞在认识到了这一方法的奥妙之后也开始尝试。

如亮亮有时就像许多少年郎一样言语肆无忌惮，付彩霞听到后每次都点一句："你想想，你这句话说的对吗？"然后便保持沉默。过后一段时间总是亮亮来找她说话："妈妈，我那样说不对，以后我会……"

妈妈应这样对孩子说"不"

对于孩子的一些无理要求和不成熟行为，有时还需要妈妈从外围设置护栏来规范孩子的行为，以更有效地促使孩子正向发展，减少犯错率。

这里面是大有学问的。要是用管教的方式，不是把孩子管死，变成只会听话的"提线木偶"外，就是把孩子变成极力反抗不守规矩的"逆子"。

一、别以为自己不惯孩子

晶晶四岁时一天，庄明兰骑自行车带她到黄河边看中山铁桥，晶晶玩得很开心，并留了影。这时晶晶感到口渴，庄明兰递上携带的矿泉水，晶晶摇摇头说要吃冰激凌，于是她便到路边的商店买，顺便又给晶晶买了些小吃。在结账时才发现忘了带钱包，庄明兰一脸尴尬，连忙道歉。可这时晶晶不干了，无论妈妈怎么解释都听不进去，"不！我现在就要！"说着又在地上打起滚来，弄得路人纷纷驻足观看。庄明兰气得直瞪眼，可在外面又碍于面子不好发脾气，于是便押上手机把吃的赊来，女儿才收住哭声。

庄明兰将此事告诉了我，我一针见血地指出："你这是惯孩子，难道你不知道'惯子如杀子'吗？"

"你不是经常说要尊重孩子的自然天性吗？"庄明兰反驳道。

我解释道，要尊重的是孩子的合理需求，不是无理要求，要把这一界线分清楚。孩子有许多无理要求，对这些要求做家长的要坚决说"不"。对孩子的教育应以尊重孩子的意愿为前提，顺着孩子的天性去发展。可同时又要避免孩子任性妄为。好的教育是给孩子一块自由宽阔的天，让孩子尽情发挥，同时还要把那些歪枝斜叶也修剪掉。

随后我给她讲了这样一则故事：

有一位单亲妈妈离异后总觉得亏欠孩子的太多，所以对儿子百依百顺。一天周末，她用近三个小时给儿子包了他平时喜欢吃的韭黄饺子，可当香喷喷的饺子端上餐桌时，儿子却临时改变了主意，说要到肯德基吃汉堡包、炸鸡，他已经好长时间没有吃了。妈妈说："这怎么行，饭已经做好了，而且是你要包的饺子。宝贝，听话，中午咱们吃饺子，晚上去肯德基好吗？"儿子根本听不进去，看妈妈不愿意，便坐在地上哭闹起来。妈妈由于心疼孩子，加上经不住儿子的吵闹，便放下才出锅的饺子不吃，带着儿子去肯德基。类似的事情还有许多，天长日久，这个男孩不仅变得非常任性，养成许多恶习，什么事只知任性地考虑自己，根本不懂得体谅家长，还把自己的无理需求当成是天经地义的合理需求，无论什么事稍有不顺便一哭二闹，大一点了还发脾气砸家里的东西。上高三时，这个男孩喜欢上了班上的一个女生，遭到严词拒绝后，便割腕自杀。抢救过来后，妈妈劝他："天下好女孩多的是，只要你能考上大学，一定能找到好女孩。"

"不，我就喜欢她，我就要和她做朋友。"

"不行，妈妈给你找个别的女孩。"

"不，我就喜欢她，我就喜欢她……"男孩一边咆哮，一边撕扯着手腕上的绷带。

"好，好，好，妈妈答应你，妈妈答应你……"

这位母亲走出病房后，捶打自己的胸脯悲痛道："都怪我啊，我不该从小娇惯孩子啊……"

这就是惯子的结果。

二、让孩子成为规矩的主人

那么具体又该如何避免惯子呢？首先一条就是要学会给孩子定规矩。

亮亮上幼儿园期间，每到睡觉时总是只管自己玩自己的，对妈妈的正向引导之语常常是置若罔闻，弄得付彩霞和爱人很是头疼，有时爱人实在沉不住气就用管教的方式，可往往也只能收到一时之效。

难道拿这个小淘气真的就没办法了吗？

许多妈妈肯定会说，这不简单，给孩子制订规矩，让孩子遵守，否则就"绳之以法"，看你小子还敢不敢不听老娘的话？其实许多父母都在这么做。

有一个家庭，两口子都是公务员，他们认为没有规矩不成方圆。为了有效地规范孩子的行为，他们就像是大法官一样，在家里颁布一项项"法规"：晚上要几点准时睡觉，早上要几点准时起床，刷牙洗脸要多少时间，什么时间玩，玩多长时间开始学习，吃饭要多少时间，连上厕所的时间都有严格的规定，要是孩子的行为不合规范，就按照违规的程度进行相应的惩罚，绝不姑息迁就。

在这样的管教体制中，孩子的确变得老实和听话多了，可同时也失去了孩子应有的灵气和活性，就像被套上了沉重的枷锁，家无形中变成了监狱，父母就像是正副监狱长。我见过几次这个孩子，畏缩、胆怯，什么事情父母不拨弄不动，一个人可以定定地在那里坐两个小时。这就是制订规则方式不当所造成的后果。

那么父母具体又该如何给孩子定规矩，才能既让孩子自觉遵守规矩，又不会把孩子变成监狱里的 "囚徒"？

只有一条路，就是与孩子一起商定规矩，让孩子参与到制订规则的过程中来，让孩子成为制订规则的主人，用大家协商一致的方式来制订规则，这样孩子自然也就由 "囚徒" 变成了 "监狱长"，大家都变成了主人，这对孩子独立人格的健康成长自然会大有好处。再者，这是孩子参与制订的规则，孩子心里是接受的，而不是被迫的，这样孩子自然也就更容易自觉遵守。否则，很容易产生抵触。

那么妈妈具体又该如何与孩子一起商定规矩呢？

商定规则的过程也是各方利益者讨价还价的过程，最后达成一致规矩才能定下来。

通过讨论付彩霞认识到这些后，对亮亮说话的方式也随之发生变化。"这东西真好玩，看亮亮玩得多投入！只可惜时间不早了，睡觉的时间到了，该睡觉了。要不，再玩两分钟，就去睡觉，你看怎么样？"

"不。我还要多玩一会儿。"亮亮撅着小尖嘴嘟囔道。

"那你看还需要玩多少时间？"付彩霞征询意见道。

"我还要再玩十分钟。"

"好，那就一言为定。男子汉大丈夫说话算数。"付彩霞说道。随后她和爱人收拾床准备睡觉，拭目以待。果然还不到十分钟，亮亮便把玩具收拾了起来，准备刷牙洗脸睡觉。两人一阵窃喜，亮亮在睡觉问题上还从来没有这么自觉过。从此这便成了一条无形的家规，到时亮亮顶多再玩十分钟就会自觉收拾睡觉。从此以后，每当付彩霞感到黔驴技穷之时都会想到与孩子一起商定规矩的办法。

上小学一二年级时，亮亮丢三落四的毛病挺严重，不是哪一天忘了带作业本了，就是哪一天又忘了带铅笔盒、带课本。每当此时他就会给妈妈、爸爸打电话，付彩霞和爱人为了不影响孩子学习，每一次也都迁就他，然后告诉亮亮应该怎么事先做好准备丢三落四，可好不了几天就又开始了。有一次，付彩霞和爱人都抽不出空，他甚至给家住五泉山的奶奶打电话，让爷爷打车从家里取上课本送到学校，来回折腾了近一个半小时。

不能再姑息迁就了，否则亮亮的这一坏毛病还会带到初中、高中，这怎么可以？付彩霞又想到了与孩子一起商定规矩的办法。

一天，付彩霞刚跨进办公室的门，手机铃声便响了，"妈妈，我的数学作业本忘带了，你能不能给我送一下。"

"亮亮你知道吗？妈妈和爸爸都有工作，每次出来都要跟领导请假，来回路上浪费时间不说，还要扣奖金，影响工作，亮亮已经长大了，是个懂事的孩子，你能不能体谅一下爸爸妈妈啊！"付彩霞开始讲条件道。

"妈妈，我知道这是我的不对，下次我一定改，再也不麻烦爸爸妈妈了。可这次就求你了，老师下节课就要检查。"

付彩霞故意不回答。

"妈妈，我就求你了，你就给我再送最后一次。"

"好吧，那就一言为定，那就给你再送最后一次。说话算数。"

"要是再丢三落四呢？"

"要是再丢三落四，我绝不再麻烦妈妈和爸爸，也绝不再给奶奶打电话。我甘愿受罚。"

"好，妈妈相信你是个男子汉，会说话算数。"

从那以后，亮亮每天晚上写完作业后，都要自觉地用一两分钟对照课时表检查课本作业本是否带全了，再看文具是否也都带全了，丢三落四的毛病一下少了许多。即便偶尔出现，也会自己承担后果。

三、定规矩原来就像到自由市场买菜

既然与孩子商定规矩是一个讨价还价与孩子达成一致的过程，那么妈妈就像到自由市场买菜一样，还要学会砍价，以更有效地达到目的，且还能让对方接受。

上小学六年级时，小强有一段时间特别爱看金庸的武侠小说，晚上临睡前就要看一阵子，经常一看就是一个小时，这自然会影响到早上起床、听课质量等。对于运用此法已经老到的张洁来说，知道在黔驴技穷时应该怎么做。

这天晚上，小强又要看武侠小说，张洁摆出一副要管教孩子的架势："现在已经到睡觉时间了，该关灯了！"

"妈妈，别关灯，你就让我再看一会吗？"小强恳求道。

"不行，妈妈不能惯你这个坏毛病，这是害你，你知道吗？"张洁态度坚决道。

小强不高兴了，小嘴一下撅得老高，脸颊上也开始充血，把书摞在桌子上。爱人见状，连忙上前打圆场："一下子不让小强看也不对。小强喜欢看那就让他再看一会儿。"

小强的眼睛里立即泛起了笑意。

"时间已经到了，要不再看5分钟？"张洁用商量的口气开价道。

"什么，5分钟！"小强脸又拉了下来。

"那你说要看多少分钟？"爸爸问道。

"我要看15分钟。"小强嘟囔道，来了个狮子大开口。

张洁会心地看了爱人一眼，说道："好吧，既然小强坚持要看15分钟，那我们尊重你的意见。考虑到小强喜欢临睡之前看会儿书，我们再给你加5分钟，每天临睡前看20分钟，你看怎么样？"

"真的？"

"那是自然，既然已经说出口了，就要说话算数。"

那天，小强看了不到20分钟，就吹着小口哨刷牙洗脸睡觉了。

张洁和爱人在被窝里又是一阵窃喜。他们计划的目标是30分钟，孩子在一天学习完成后，看看闲书，放松放松，本来也是一种休闲娱乐，对提高学习效率起到辅助作用。再者，每天学习完看看喜欢看的书，总有一个念头吊着，对培养学习兴趣也有帮助。小强就这么吹着小口哨自觉地落入到了父母为他设置的"小圈套"中了。

四、坚守规矩的底线

有妈妈问：可孩子到底还是孩子，做事随意性比较大，所商定的规矩有时还是不能自觉遵守，人们常说 "嘴上没毛说话不牢" 就是这个意思。这又该如何是好？

规矩既然已经商定了就要坚决执行，否则将会让孩子养成肆意践踏规矩，视规矩为儿戏的坏毛病，若如此还不如不制订规矩。只有坚守规矩，才是让孩子对规矩从小有一种敬畏感，才知道规矩不是随便说说就完了，应自觉遵守。可许多事情说起来容易，真正要想做到还是挺难的。

大志就像许多小孩子一样到了超市就要这要那，恨不得把他喜欢吃的东西都买回家，到了玩具区域就拔不动腿，当需求得不到满足时便又哭又闹。为了改变这种状况，邵蓉每次去超市时就事先跟大志商定规矩，谈妥后再带他去逛超市，否则以后就不带他去了。

可大志到超市后，又是这个零食要买那个零食也要买，买了一个玩具不行还要买第二个，否则就是又哭又闹。有时闹得凶了，邵蓉几次都想妥协，不就几十块钱吗？

可想想这将会造成的不良后果，她又咬牙坚持了起来，不管大志怎么哭闹，邵蓉都采用冷处理的方式，直到大志自觉放弃自己的无理要求，而且一两个月不带大志去超市，除非他保证自觉遵守规矩。几次下来，大志到超市就再也不敢有非分之想了。

又如大志上三年级时，商定每周给他10块钱买零食，节余归自己，提前超支不补。大志刚开始一两天就把10块钱全花了，就找她或爱人来补，不管大志怎么求情，怎么说软话，他们都口径一致，坚决不给。就这么折腾了两次，大志就再也不敢乱花钱了。否则，就只有放学后看别的同学买好吃的眼馋的份了。

当然对于所商定的规矩也并非都要坚守，对于难以执行及会对孩子身心会造成伤害的规矩别说坚守了，最好趁早废止。

如一段时间大志一边看电视一边写作业，本来商定好的是先写作业后看电视。一天，大志又在这么干，正好被爸爸撞上了。爸爸与大志商定以后再发生这种情况，就不许吃晚饭，还签了字划了押。

邵蓉知道此事后，把爱人叫到厨房说，你这不是胡来吗？这样的规矩既无法执行，还会伤害孩子的身心。爱人恍然大悟，便马上又和大志协商，要是再发现这种情况，就罚晚上不许看电视。

五、你就哭吧，你就闹吧

有一个叫小杰的男孩由爷爷奶奶带到六岁才回到父母身边。两个老人对这个孙子是格外宠爱。孙子拉屎奶奶给垫马桶圈，拉完屎爷爷擦屁股，提裤子。吃饭时，奶奶用勺子一口口喂，把馒头、面包切成小块递到嘴边。小杰看到邻居家孩子玩玩具手枪，也想要一把，奶奶说现在商店还没开门，等早上开门后让爷爷去买。这下小杰就不干了，大哭大闹，爷爷三九寒天一大早就赶到超市门口，等了一个小时才开门。弄得小杰从小在爷爷奶奶跟前说一不二，否则就是一哭二闹三打滚，爷爷奶奶由于心疼这个宝贝疙瘩都是一呼百应。

回到身边，妈妈才知道了问题的严重性，六岁的孩子饭要大人跟在屁股后面喂，拉完屎要大人擦屁股，脸也要让大人洗，衣服要大人穿，才上市的一两百块钱一斤的樱桃、蓝莓，小杰天天都嚷着要吃，跟儿子商量，说现在太贵，等大量上市便宜了再买，可小杰根本听不进去，只要妈妈敢说半个"不"字立刻就会使出他的看家本领。

妈妈一开始沉不住气，就斥责打骂孩子，可好了伤疤就忘了疼，过后就又是老样子，没用。孩子怎么这么不自觉呢？

我告诉她，这是孩子还没有理性地认识到自己的问题，只是在外部压力下暂时做出的妥协，当外界压力消失时，孩子就又会是老样子。再者，斥责打骂还会对孩子身心造成巨大伤害，应该换种方式。

在我的指导下，她开始采取任由孩子哭闹的办法。

如早上洗脸，"你已经六岁了，该自己学着洗脸了。"

"我会洗。"

"你会洗就更应该自己洗了。"

"一直都是爷爷奶奶给我洗的，我现在要你给我洗。"

"不，你现在已经是小男子汉了，男子汉是不是应该自己洗脸？"

"不，我要你给我洗，我就要你给我洗嘛。"

"洗脸是你自己的事，男子汉自己的事应该自己做。"妈妈说完走出卫生间，小杰跟出来，拉住她的衣角，哀求妈妈给他洗脸。她按照我的指导在商量、引导无效时，便采用任由孩子哭闹的办法，到厨房准备早餐，对儿子的无理要求不予理睬。

小杰这时开始哭闹，"坏妈妈，坏妈妈，不给我洗脸……"还发脾气把毛巾架上的毛巾、牙膏、牙刷、香皂扔得满地都是。"你就哭吧，你就闹吧，你哭够了，闹完了，最终还是要你自己去洗脸。"

在厨房做早餐时，听着儿子撕心裂肺的哭声，妈妈是既心疼又恼怒，几次想过去给儿子把脸洗了算了，这样可以给自己节省不少时间，也可以减少麻烦，或把儿子狠狠教训一顿。可她都咬紧牙关，强忍住了。我告诉她，不管孩子怎么哭闹都不要去理会，越理会孩子就越来劲，不理会他，在孩子看哭闹无效时就会失望，感到没趣，慢慢地就不会再用哭闹的办法了。果然，小杰哭闹了十几分钟后，看没人搭理他，哭声也随之越来越小。在早饭快做好的时候，她偷偷到卫生间门口瞄了一眼，心中顿时一阵窃喜，她看见儿子正自觉地在刷牙，看来这一办法还真灵。

吃早饭的时候，她又按照我的指点把儿子大大地赞了几句："我们小杰已经是男子汉了，能自己洗脸了。"并讲了为什么自己能做的事情一定要自己做的道理，还告诉儿子对于无理要求再怎么哭闹都没有用。

可洗脸的问题解决了，又有擦屁股穿衣服的事情，每次都要经过一番大哭大闹，让这位妈妈很是头痛。

其实，不只是爷爷奶奶带大的许多孩子被宠坏了，由于现在城市家庭都是独生子女家庭，许多孩子在父母跟前也被宠得够呛，只不过还没有那么严重。如有一次孙菊带雪儿从三楼玩具区域经过，雪儿看上了芭比娃娃，她已经有两个了，还要再买一个，于是孙菊便与雪儿协商家里已经有两个了，还有好几个花布娃娃，芭比娃娃又这么贵，能不能不买了？雪儿脑袋摇得像拨浪鼓："我最喜欢芭比娃娃了，好可爱，妈妈一定要给我买。"

孙菊看商量不通，于是便拒绝了雪儿的要求。这下雪儿不干了，来了个就地打滚，又哭又闹又踢又踹，引来许多顾客围观，七嘴八舌，有的说："女孩子都喜欢芭比娃娃，我家女儿有五六个，再买一个不算多。"雪儿一听有助阵的，劲头更大了，"人家阿姨都说了，再买一个不算多！"孙菊见雪儿哭得上气不接下气的样子，加上这么多人围观，碍于面子，便给雪儿又买了一个。

为什么做老人的、做父母的在孩子哭闹的时候常常会投降？

说白了，除了心疼孩子、怕麻烦、爱面子外，还没有认识到"惯子如害子"的道理也是一个原因。

孙菊认识到自己的问题后，暗自下决心以后一定要对孩子的无理要求坚决说不，要把守好这最后一道防线，让孩子自觉遵守规矩。

如雪儿上一年级时，有一次作业没写完就要找小朋友去玩，孙菊商量不通便拒绝了雪儿的无理需要。这下雪儿又不干了，大哭大闹，说什么已经和同学约好了，吵得左邻右舍不安。

"你就哭吧，你就闹吧，你就是把天哭塌了，把地哭陷了，你还是要写作业，还是要吃饭。"随后便由着雪儿哭闹，就是不理她。雪儿知道妈妈的脾气，哭一阵子后，擦把脸又自觉地开始写作业。

六、吓唬孩子要不得

　　一位年轻妈妈正在街边哄孩子，先是好说好商量，可孩子还是拼命地哭。妈妈看无效又从包中拿出东西让孩子吃，男孩把东西打在了地上。妈妈暴怒，威胁道："你这孩子，怎么跟你好好说，你就是听不进去呢？好吧，那就一个人在街上好好哭，我走了！"妈妈说罢摆出要走的架势，可孩子不理会她还在哭。妈妈看不见效，咬了一下牙，扭头就走，步伐坚决，走了约二三十米，男孩看妈妈真的走了，不要他了，像一只受到惊吓的小兔子，一边追赶，一边哭喊："妈妈！妈妈！你不要走，你不要走，我不哭了，我再也不哭了！"惹得许多路人都在驻足观看，有人叹息道："怎么能这么吓唬孩子呢？"

　　"嗨，现在的孩子，不这么吓他，恐怕也治不住他。"有人议论道。

　　其实，许多妈妈和老人都在用这种方法，这几乎已经快成了家常便饭。

　　"你要是再这样，我就不要你了！"

　　"你再不听话，我让医生来给你扎针！"

　　"再哭再闹，我就让警察叔叔把你抓走，关起来！"

　　"你再耍赖，我去告你们老师！"

　　"好吧，你就这么干，等你爸爸回来收拾你！"

　　有些妈妈、老人甚至还用鬼了、神了、小虫子、动物等来吓唬孩子。

　　表妹自己偶尔也这么干。有一次，她带娜娜到广场去玩，娜娜玩得开心，擅自摘了几朵花草，在屡劝无效的情况下，她也搬出"警察来抓了"吓唬娜娜，那次娜娜也吓得不轻，脸都吓白了，以后见着警察就害怕，就低着头绕弯走。

那么孩子不听话，又哭又闹又耍赖，父母在黔驴技穷的情况下，吓唬一下孩子是否可行呢？

这虽然能通过威胁孩子并转移孩子注意力暂时解决眼前的难题，把孩子治住。但这也只能是暂时的权宜之计，并不能从根本上解决问题。由于孩子是受到恐吓，注意力被转移从原来的事境中走了出来，可问题还原封不动地放在那，在孩子遇到类似的事情时还会无理取闹。同时这么做也存在三大隐患：

一则，这会让孩子受到惊吓，使孩子心理受到严重伤害。恐吓孩子，力度小了，不起作用，这时就要加大恐吓力度，才能收到立竿见影的效果。可这又会让孩子幼小的心灵受到惊吓。如娜娜在东方红广场摘花草受到惊吓后，当天晚上数次从睡梦中惊醒，哭道："妈妈，警察叔叔来抓我了，警察叔叔来抓我了，我没干坏事，我没干坏事……"可见，孩子受到了怎样的惊吓。

一位教育专家小时候，表弟来她家，她带表弟到学校操场玩，天已经快黑了，表弟还玩得正欢，怎么劝他都说要再玩一会。于是她便吓唬表弟："你不走，那我就走了，待会大灰狼来了会一口把你的脖子咬断！"边说边张牙舞爪做出扑咬表弟的样子，说完以后便急步往校门口走。这下表弟信以为真了，尖叫着向她追来："姐姐，姐姐，别丢下我……"

由于惊吓过度，她表弟半夜在睡梦中大哭大叫："大灰狼来吃我了，大灰狼来吃我了，我怕，我怕……"搅着一家人不宁，整整一个星期，表弟才缓过神来。

二则，妈妈要是经常如此，会让孩子变得胆小、怯懦，遇到一点困难就可以被吓倒，这对孩子的成长不利。

三则，它又会传递假消息，误导孩子。妈妈为了能把孩子吓住，势必要歪曲和夸大事实，通过语言和肢体语言传达给孩子。孩子还小，还没有多少识别能力，这样很容易就会信以为真，这些被歪曲夸大的信息就会扎根在孩子幼小的心灵中，长期误导孩子的心理行为。

如表妹用"警察来抓了"吓着娜娜后，很长一段时间，娜娜见着警察就害怕，就绕弯，似乎警察什么事都要管，连小孩子做错事了都要抓，那娜娜能不害怕吗？而实际上警察是这样吗？

凡是用"警察来抓了"之类的吓唬孩子，都会给孩子传递不实信息。

娜娜有一天在卫生间洗脸，突然惊叫一声，表妹连忙过去，"妈妈，妈妈，你，你看！"顺着娜娜颤颤巍巍的小手指一看，原来是只小毛毛虫。表妹拿起毛毛虫捏了一下扔进垃圾洞，告诉娜娜："毛毛虫就这么一点点，你要比毛毛虫强大万倍，小小毛毛虫又怎么能是你的对手呢？"

娜娜的惊恐状这才消失，笑了。

一个小小的毛毛虫为什么会把一个大其数万倍的小人吓成那样。原来是由于姥姥照看过娜娜几个月，姥姥经常用毛毛虫吓唬他，"你要是不好好吃饭，毛毛虫就来了。""你要是再不听话，毛毛虫就来咬你了。"姥姥通过语言手势无限地夸大了毛毛虫的利害，这会让娜娜对毛毛虫有那样的反应。

还有许多妈妈用"让医生来打针"来吓唬不听话的孩子，结果导致许多孩子见着医生如同见着瘟神，唯恐避之不及，真到生病需要打针的时候，就不会与医生配合。

表妹深刻地认识到这些以后，与爱人约定，以后无论什么事，孩子再怎么不听话，都绝不能吓唬孩子。

七、拦不住的事情该怎么办?

一位教育专家上初二的女儿在网聊时,认识了一位男网友,经过一段时间的交往,男网友提出见面,这位妈妈无意中看到后,吓出了一身冷汗,万一女儿答应见面怎么办?这是她连想都不敢想的事。

表面上这位妈妈装着什么也不知道,心里面却盘算着该怎么办?怎么才能让女儿自己打消这个念头?她知道这样的事就像长江里的水拦是拦不住的,越拦水位越高,念头越强,只能设法让女儿自己打消这个念头。

于是这位妈妈便开始在餐桌上有意无意间谈某女大学生与网友会面,被骗到宾馆,差点遭强奸,跳楼逃跑时摔残;某女孩与网友会面,被劫财奸杀;某女孩与网友会面后,被骗怀孕,后来发现这位网友是一个在逃犯……目的是要让女儿认识到与网友见面是一件非常危险的事,吓阻女儿。满以为她这么做会收到效果,可不久女儿便向她提出要与网友见面。

对于这样的无理要求换成哪一家父母都会严词拒绝。可教育专家深知这样的事是拦不住的,越拦水位越高,只有设法让孩子自己规范自己的行为。

于是虽然她十二分不愿意,可还是爽快地答应了女儿的请求,并给了女儿半天的时间,对女儿表示十二分信任。教育专家知道,这种事存在危险,可她必须答应。教育专家想陪女儿一起去见网友,以确保万无一失,可这是不可能的。当她答应了女儿以后又马上后悔。可理性告诉她,这种事只能采用欲擒故纵的方法,让女儿自己回头。

果然不出教育专家所料，女儿得到妈妈的赞同后，格外高兴，马上与网友约定明天下午两点，在学校附近的肯德基会面。可第二天中午，便开始打退堂鼓，并自己取消了见面计划，以后再也没提此事。

这位教育专家就这么用欲擒故纵放教的办法——先满足女儿要与网友会面的愿望，在这一愿望得到满足后，与陌生男网友会面的恐惧感就会骤然上升，女儿就这么在最后时刻被吓退了。

八、饱和供应让孩子自己说不

当今社会，物质丰富，吃喝玩乐的东西花样百出，置身其中的孩子们自然难以抵挡各种各样的诱惑。同事小赵的做法是，在圆圆上小学三年级后，每周给圆圆十元钱零花钱，让孩子买一些自己爱吃的零食。可孩子毕竟是孩子，其中有一些垃圾食品难以辨别。

如圆圆上四年级时，喜欢吃一种当地生产的小奶糕，每天中午、下午放学的时候都要买一根吃。

小赵知道这种小奶糕卫生不达标，许多孩子吃了都坏肚子。可圆圆特别喜欢吃，说了许多次都听不进去。怎么办？

我给她讲了上述教育专家的故事，小赵决定也试试。"圆圆，你不是爱吃这种小奶糕吗？那妈妈就让你吃个够。"她让爱人专门去批了一整箱，冻在冰箱里，让圆圆想吃就吃，随时都可以吃，吃完了还可以再批。爱人不知道她葫芦卖的是什么药，就说她是不是疯了，小赵告诉他这叫欲擒故纵。

果然，没用一个礼拜，这种饱和式供应，就让圆圆吃厌了、吃怕了，而且开始拉稀。此后圆圆见着小奶糕就心生畏惧。

"妈妈，你能不能别再让爸爸批小奶糕了？我是不吃了，要是再批，就你和爸爸自己吃。"

小赵心想，这的确也是一个让孩子遵守规矩的好办法。

方面十
妈妈应引导孩子由失败走向成功

孩子还处于成长阶段，难免会把事情做砸。学龄后的孩子在学习上、为人处世上、生活上、做事上会不断出现各种问题。

此时妈妈除应对孩子大量不成熟的思维行为及所造成的不良后果给予相对的尊重和理解外，接下来还要冷静下来，引导孩子自觉分析原因，寻找对策，改正错误。正如十大杰出中国母亲杨文教授所言："孩子的成长，从某种意义上说，就是不断改正错误的过程。"

一、像美国妈妈那样放手让孩子尝试

有一位美国妈妈，她和儿子一起从超市购物回来，个子还没锁眼高的儿子要自己开门，妈妈说"好啊，那你就开吧"，把一把钥匙交到了儿子手上。儿子拿着钥匙一把一把地捅，可怎么也捅不进去，急得团团转。要是换成中国妈妈肯定早就急不可耐给孩子支招了，或者干脆自己把门打开了。可这位美国妈妈一直耐心地等待着，直至儿子自己找到对锁眼的办法，并一把把试，满头大汗的儿子把门打开，已经20分钟过去了。她自始至终都是放手让孩子尝试，让孩子自己去分析问题，想办法，最后把问题解决。

在现实中，许多中国妈妈都在这一行为上犯有严重错误。张洁就是其中之一。

有一次，张洁和爱人带小强出门，小强鞋子穿反了，她就告诉小强鞋子穿反了，并让他改正过来。小强不以为然。然后她又晓以利害，这样穿着走开路了不舒服，也不好看，会让人笑话。小强还是听不进去。这下她就不高兴了，一屁股坐在沙发上，威胁道："你要是不把鞋调整过来今天就不出去了！"爱人也坚定地站在自己的一边。这下小强不干了，大哭了起来，边哭边踢门。

还有一次，小强帮助收拾碗筷时，把三个大碗摞在了一个小碗上面，然后在上面又摞上盘子，摇摇欲坠。她连忙问小强："你不觉得这样很危险吗？"小强摇摇头说不，说他喜欢这么放，好看，像个大陀螺。这下在一旁的爱人也不高兴了，训道："你小子怎么这么犟，妈妈跟你好好说，怎么就是听不进呢！"

在我看来，在这些问题上张洁完全可以放手让孩子尝试，鞋穿反了，让孩子自己走路试一试舒服不舒服，走不了多远就会自己调换过来。妈妈顶多也就是提示一下，孩子坚持就由着他去好了，完全没必要与孩子较劲。把大碗摞到小碗上面也是一个道理，顶多不就是打碎几个碗嘛，孩子自然也就知道了那样不对。

那为什么许多中国妈妈都在犯这样的错误呢？

首先，还没有认识到放手让孩子尝试的重要性。这样可以让孩子在自己动脑分析问题解决问题的过程中，逐步磨炼及培养孩子独立自主的思维行为能力。

由于普遍还没有认识到，这样就想到的是尽快实现目标，让孩子少走弯路，少受磨难，少遭罪，少造成损失。这样情不自禁地就会替孩子分析问题，想办法，代替孩子思维，并指使孩子这样做那么做，给孩子支招。结果导致因小失大，让孩子从小养成思维依赖的坏习惯。

其实，即便让孩子接受了自己成熟的想法又如何呢？有一句古诗说得好："纸上得来终觉浅，绝知此事须躬行。"

其次，是缺乏耐性。在孩子迟迟看不到问题想不到办法，尤其是看到自己的孩子落后别的孩子的时候，急不可耐地就会出招，教孩子该怎么怎么做。

张洁在认识到放手让孩子尝试的重要性后，以后无论什么事，只要没有大的危险，一律都让孩子去尝试。

小强在组装汽车时，把轱辘放在了车身上面，张洁看见装着没看见，因为孩子肯定会发现问题，知道这样汽车跑不成，光图新奇不行。果然，小强左看看，右看看，怎么都觉得不对，便自觉地对汽车又进行了重新安装。

小强在幼儿园玩滑梯，他刚开始也和小朋友们从上往下溜，可玩着玩着他觉得这样没意思，便反其道而行之，想从下面扒着扶栏走上去，被老师发现后制止。放学时老师告诉了张洁，她笑道："这又有什么不可以呢？要是小强能从下面上去，挑战成功既能增强孩子的信心，也许开创出一种新的玩法，反正又没有多大危险。"老师点头称是。

第二天，小强又开始反其道而行之，此次老师让小强自己去尝试，并在一旁加油。小强刚开始想用手扒着扶栏上去，可用尽吃奶的力气几次上到一半就没劲了，又滑了下来。小强大脑门上满是汗珠，该怎么办呢？老师让他别急，喝口水再想想办法。到下午，小强便想出了办法，就像跳远一样加一段助跑。这次小强退到离滑梯约15米处，随着老师一声口令，他加速，快跑，冲了上去，就这么已经上到了大半，又借助了几下扶栏之力便上去了，老师和小朋友一阵欢呼。从此，倒上滑梯也成了该幼儿园的一个比赛项目。

二、孩子犯错父母发脾气的五大深层原因

武汉有一位父亲到小学门口接儿子，待所有同学走光了仍不见儿子踪影，一打听，才知儿子早上根本没去上学。父亲火冒三丈前脚回家，儿子后腿也失魂落魄地跟了进来。原来儿子逃学到十七中玩去了，书包也被扣在了十七中。父亲大怒，命令儿子跪在地上，用尼龙绳将儿子拦腰三道，五花大绑，悬空吊在栋梁上，将门反锁，骑自行车到十七中找儿子的书包。半个小时后，等书包找回来，门一打开，见11岁的儿子脑袋歪斜在一边，已无声息。

"儿子，你听得见吗？爸爸在叫你……"一声声撕心裂肺哭嚎声回响在整个门诊大厅。

最终医生并没能挽救孩子的生命。这位父亲因儿子犯错，一时怒火竟失手将儿子吊死了。

其实，因孩子犯错，父母因不冷静，一时怒火斥责打骂孩子的不再少，只不过绝大多数未酿成这么严重的后果。

一个男生高一时迷上了网络游戏，在学校经常逃课上网吧，在家里深夜有时也溜出去上网，父母经常到网吧找儿子，他们正常的生活和工作整个被打乱了。一天，半夜醒来父亲发现儿子不见了，以为儿子离家出走，母亲的心脏都快停止跳动了。当父亲三更半夜把他找回来后，关上门就铁青着脸喝令儿子："给我跪下！"然后抢起皮带狠狠地抽儿子的屁股和大腿，威胁道："你要是再去网吧，我就砍掉你的手指！"可父亲过几天刚一出差，儿

子便又深夜溜出去上网吧。

是不是只有父亲在孩子犯错后，才会发脾气严厉管教孩子？

我认识一位母亲，孩子犯错发起脾气来也同样恐怖。一次她和女儿正在清真面馆吃牛肉面，听说女儿的数学没考好就训了女儿，女儿顶了几句，她竟将一大碗热气腾腾的牛肉面迎面泼到女儿脸上。

一次女儿犯错，老师请家长，这位母亲在学校见到女儿，二话不说，就一巴掌打了上去，从此母女失和，母亲无论说什么女儿都听不进去。

还有一位母亲，儿子聪明伶俐，对儿子期望很高，希望他将来能考上重点高中，名牌大学，可儿子上初中后成绩并不如愿。她怒火中烧，觉得自己多年的心血要付诸东流，便开始斥责打骂孩子，吼声如雷，导致儿子逃学、离家、非常叛逆，早早流入社会，母子亲情也燃烧殆尽。

可见，妈妈见孩子犯错要是不冷静，发起威也不容小视。

表妹多少也有这一问题。娜娜上初一时，有一天，她下午放学后迟迟未归，眼前已经晚上八点多了，天已经整个黑了下来，还不见娜娜，她心急如焚，正在小区门口张望时，看到从公交车上下来的娜娜，"妈妈，对不起，让你担心了，我和同学到书城买复习资料，回到又遇上堵车。"娜娜说道。而此时表妹的焦急已瞬间转化为怨气，于是便训斥道："既然要买书为什么不提前打招呼？我看你是成心要把我和你爸急死才甘心！"

"妈，你怎么这么说呢？我又不是去干坏事……"

进屋后，表妹还是不依不饶，弄得她和娜娜几天不说话。过后，表妹也后悔。要是当时她能冷静下来，在娜娜跟她道歉时，换一种口气跟娜娜说话，如："娜娜到底是大姑娘了，知道心疼妈妈了。妈妈的确心急如焚，要是你能提前告之或打个电话我就不会这么着急了。"效果就会大不一样，女儿就会自觉地认识并改正错误。可当时她就是控制不住自己的情绪。

为什么绝大多数父母在孩子犯错后都会怒火中烧，批评指责甚至打骂孩子，却无法冷静下来与孩子对话呢？

主要有以下五方面原因：

　　首先是人的本能在遇到不满时都会生气，别说人了，这也是所有动物的本能，完全是一种本能反应。遇到的不满越大，压抑越久，爆发也就越强烈。无论他是谁，他从事什么职业，即便是资深教育工作者，脾气再好，也有发大脾气的时候。这也是天下父母无一例外都斥责吼叫打骂过孩子的原因。

　　再者，不懂得对孩子的不成熟行为给予相对的尊重和理解。表妹在这上面也还存在一些问题。

　　三者，还没有充分认识到孩子犯错发脾气不仅无法使自己采取有效行动，还会造成种种不良后果。这样就会使自己的发脾气行为不受节制。

　　四者，被一些"棍棒底下出孝子""孩子不打不成器""打是亲，骂是爱"等错误观念所误导。这样父母在孩子犯错发脾气时就会更加肆无忌惮。

　　五者，因家庭、工作、身体原因迁怒于孩子。有一位妈妈，因丈夫有外遇，闹矛盾，由于气泄不出去，就经常拿自己的儿子当出气筒。还有一位妈妈，因工作不顺，老是受上司的气，回到家里就看儿子这不顺眼，那不顺眼，数落指责便开始，后来她才知道她这是把单位上的气带到了家里，拿儿子当出气筒。母亲因身体原因对孩子发脾气也是常见之事，如更年期的母亲对青春期的孩子。

三、谁说江山易改禀性难移？

许多父母在斥责打骂完孩子后又心疼后悔，可到时候又是老样子，然后就说自己脾气不好。

上述用皮带抽打半夜溜出家上网吧儿子的父亲也是如此。在我看来，这看起来是在自责，实际上是在为自己找借口。更要命的是，许多人认为脾气是难以改变的，这样就会放任自己的不良行为。这也是导致他在儿子犯错后，反复暴怒严厉管教孩子的原因。

可这位父亲到底是师范大学毕业的高材生，经深思他认识到，导致他再而三发脾气的原因，首先是不懂得对孩子大量的不成熟行为给予相对的尊重和理解，这样在孩子犯错后也就不会包容孩子，也就不懂得设身处地从孩子角度考虑；再者，是没有深刻认识到发脾气不仅无法从根本上解决问题还会造成许多严重后果；三者，是被打骂孩子的错误观念所误导，误以为在孩子犯错后给予适当的惩处是规范孩子行为的有效手段。

深刻地认识到自身问题的根源后，他便决定改变方式，他和妻子商量在家拉了宽带，让儿子在家上网，并和儿子商定了规矩，约法三章：第一，以学习为主；第二，每天上网1小时玩游戏，如果超时取消两天的上网时间；第三，不能再去网吧。

儿子的上网行为就这么得到了有效的规范和正向引导。

儿子由于逃学上网成绩受到严重影响，高一第一学期物理测验，只考了

36分。当时家里有客人，父亲知道后马上下"逐客令"，与垂头丧气的儿子一起分析试卷，全面诊断后又一起商讨了对策。几个小时过去后，儿子那张沮丧的脸又露出了生动的微笑。换成以前，他早就咆哮大怒了。

儿子上高三时，商定网游每周只玩两次，每次只玩1小时。到了高中下学期，由于高考在即，他们就规定一般情况下不许玩网游，特殊情况只能偶尔玩一下，并由母亲负责监督执行。意外就这么又发生了。

高考前两个月，一天凌晨，父亲凌晨五点起床时，发现儿子不在家，他们的第一反应是儿子又溜出去上网吧了。不一会父亲就把儿子从网吧找了回来。母亲强忍怒火："儿子啊，你怎么这么不自觉呢？这都什么时候了，你还去上网吧？况且家里有网啊，可以在家里上啊！"

"你们哪会让我上啊！"

儿子不仅不认错，还竭力辩解，说学习与上网是两码事，说他这是为了放松一下自己。犯了错还不认，母亲更生气了。可父亲坐在一旁，一直沉默不语。这时父亲说道："别说了，让他上床睡觉吧。"那天晚上的事情就这么结束了。

这位父亲与上次抢皮带声称要砍儿子手指的那个父亲整个判若两人，这是为什么？

这是因为他认识到了造成孩子不自觉又溜出去上网的首要原因是进入高三后他们的过度管教，尤其是下学期。再者，孩子的行为调整有一个漫长的过程，能到这个份上已经不错了，应该给予相对的尊重和理解才是。还有，设身处地从孩子立场想一想，孩子也应有适当的休闲娱乐，也不能总是学习，这对促进学习也是有辅助作用的。父母也应该给予尊重和理解才是啊。这才是这位了不起的父亲令人难以置信，整个判若两人的原因。

由此可见，要想改掉臭脾气，并非那么难。

后来，他们的儿子考上了中国科技大学。

四、梭鱼带给中国妈妈的终极启示

科学家做过这样一个试验：

他们把一条梭鱼放进一个有许多小鱼的水池里，只要梭鱼饿了，张张嘴，就可以把小鱼吞进肚子里。过了一段时间，科学家用一个与水面齐平的玻璃隔住了这条梭鱼。开始时，小鱼在外面游来游去，梭鱼就冲上去，企图吞食小鱼，但每次都撞在了玻璃环壁上。慢慢地，梭鱼的冲撞越来越少，最后，梭鱼完全绝望了，放弃了捕食小鱼的所有努力。

这时，科学家取走了隔住梭鱼的玻璃，但这时备受打击的梭鱼已经没有了斗志。无论有多少小鱼在它的身边甚至嘴边游来游去，它都不会再张嘴。最后，这条可怜的梭鱼就这么活活饿死了。

这则试验引起了我的深思。

这看起来是一个关于信心的问题，其实更深层的原因是梭鱼没有分析错因的能力。梭鱼先前吞食小鱼时多次被撞，是因为它和小鱼之间隔着玻璃，由于它没有认识到，也就想不到该如何逾越这道屏障（其实玻璃与水面齐平）。现在玻璃取走了，阻挡它吞食小鱼的屏障已经不存在了，梭鱼自然也就意识不到。其实，这和人类的许多行为一样。对于孩子，在孩子犯错后，要是找不到错因，也就想不到该如何解决，那孩子就会被永远挡在那，错误不断，最终也会像梭鱼一样绝望。即便有一天有人将障碍物排除了，孩子也会照样意识不到，放弃行动。

只不过人类的先天智力要远超于梭鱼，对于浅显的原因都能直观地看到，但对于深层原因，要想看到就没那么容易了。

通过此事，我深刻认识到，在孩子犯错后，父母设法帮助孩子认识到错因是至关重要的一环，只有找到了原因才能找到解决问题的有效办法，孩子才能自觉调整行为，不再犯类似的错误，也才能从失败中站起。

再者，孩子认识到了自身行为中的问题后，在事情做失败后也就不会怨这怨那，就是不怨自己。

而在现实中，许多中国父母在孩子犯错后都还没有这一意识。

一个男生数学没考及格，当他把卷子拿给爸爸签字时，爸爸也不问错因，一个巴掌就扇了上去，还劈头盖脸"笨猪""蠢猪"一顿臭骂。

也许刚才是在气头，注意力被转移，没顾上，待气发完了，总该帮助孩子分析错因吧？

这位爸爸却摆摆手说道："给我回屋好好学习，下次还考这么点分，小心我抽肿你的脸！"

还有一些父母虽然较宽容一些，可孩子没考好也不帮助分析错因。

有一位女生没考好，妈妈知道后没责怪她，而是鼓励道："没考好没关系，下次努力就是了。"由于没有帮助孩子分析错因，孩子无法改正错误，这位女生的成绩一直在低位徘徊。

可见，孩子没考好，无论是发脾气斥责打骂孩子，还是不发脾气鼓励孩子，许多父母都还没有帮助孩子分析错因让孩子改正错误的意识。

其实，这种现象不仅在孩子学习上处处有所表现，在其他方面也有所表现。

每次到我朋友家做客或参加什么聚会，总会听到妈妈在一旁敦促孩子："怎么没有叫人啊？快叫江老师好！"有时孩子正在别扭叫不出声时，妈妈就会说教："不可以这样没礼貌！"孩子只好被逼着喊一声。

其实我小时候也是一个害羞的孩子，非常理解这些孩子的心理。那时主要一是怕生，二是担心问好时长辈不搭理，没脸面，也总是在父母的催促下

才会开口问候。

后来上初中就敢于跟长辈打招呼了。原因是，有一天妈妈跟我说："其实长辈都是喜欢小孩的，没什么好怕的。再者，小孩子向长辈打招呼问候，是对长辈的尊敬，就像有人主动向你打招呼问候，你会很开心一样，长辈也会很开心，还会喜欢这样懂礼貌的小孩。这也就更没必要担心了，你说是吗？"听完妈妈说的这番话后，从此我心中的顾虑整个打消，摇身一变也就成了大方的人。

那妈妈只要能帮助孩子分析原因及改正错误是不是就OK了呢？

我认识一位妈妈这样给上小学的女儿检查作业。

"妈妈，我作业写完了，你给我检查一下。"

妈妈接过作业，认真地检查了起来。"你看，这道题你做错了，$36+17=53$，你写成了43。"妈妈指出错误后，女孩连忙按妈妈的指示改了过来。

"你看，这道题也错了，$61-15=46$，你写成了56。"女孩又连忙改了过来。

在检查语文作业时，这位妈妈对于女儿组词造句中不会写的字，或错字，会大大地写在一旁，让女孩抄上。

这样既方便了妈妈，也方便了孩子，许多父母都在这样给孩子检查作业，没觉什么不对。

我告诉这位妈妈，这虽然方便了自己和孩子，可分析错因和改正错误的过程整个是由妈妈代替孩子完成的，这不利于逐步培养孩子的自查自纠能力，会让孩子形成依赖，下次再遇到做错的题后，又要靠父母或别人分析解决。孩子在生活、学习、人生的路上会不断地做错事，最终只有靠孩子自己分析解决，这是其他任何人所不能替代包办的。

五、让孩子从失败中站起的第一步

人类的先天智能要远超梭鱼，对于表层浅显的错因只要学会走路的孩子都能直观地认识到。这不需要培养，只需要妈妈做直接提问就可以了。

亮亮有一次走路被一块石头绊倒，哇哇大哭。付彩霞走到跟前并不扶他，而是待亮亮平静一些后蹲下来说道："亮亮是个男子汉，是你自己不小心绊倒的，应该自己站起来对不对？"

亮亮看妈妈没有扶他的意思，只好抹了把眼泪自己站起来。付彩霞夸了亮亮几句启发道："你知道是什么把你绊倒吗？"

亮亮拉着妈妈的手，走到石头跟前指道："是它，石头！"

"以后走起路来，可要小心点石头啦。"

亮亮点点头。以后，每当亮亮不小心摔倒了或被什么碰疼了，只要无大碍，付彩霞都用这种方式处理。

又如，有一天，爷爷奶奶来家作客，亮亮一个人悄悄来到厨房，踩上板凳，爬高去取爷爷爱喝的皇台酒，不想瓶子摔在了地上。亮亮吓得哭了起来，付彩霞连忙过来安慰他，待亮亮平静下来后，她问亮亮："你知道自己错在哪了吗？"

亮亮抬头望了望说道："高，不好够。"

"像这么高的东西，最好让谁来取？"

"最好由妈妈或爸爸来取。"

对于类似这些浅显的错因，付彩霞都采用直接提问的方式。那么对于较深层的错因，妈妈又该如何办呢？

这首先要考虑到孩子的年龄，对于学龄前的孩子，由于普遍还没有分析较深层错因的能力，一开始妈妈最好能适当地予以提示。

如亮亮的玩具汽车突然不跑了，那么到底是什么原因导致汽车不跑了呢？这是一个深一层的错因分析，学龄前的孩子通常没有这一分析能力。可又不能直接告诉孩子，故此时最好给孩子以适当提示。

"亮亮想想，到底是什么原因造成汽车不动呢？"付彩霞发问后，看亮亮一脸朦胧，便提示道："看看是否汽车电池没电了？"

亮亮打开电池盖，拿出电池看了看，无法判断。付彩霞拿出新的电池，让亮亮用手指使劲捏一捏，然后又让使劲一捏旧电池，问他有什么不同？亮亮说新电池硬，旧电池软。

"电池软，说明电已经用得差不多了。"

亮亮这时已经在汽车上装了新电池，一按开关汽车跑了起来，亮亮兴奋道："妈妈，是电池没电了！"

要是换了新电池汽车还不动，付彩霞就提示是不是马达有问题。要是马达转，再提示是不是电路有问题等。

又如，付彩霞为了培养亮亮做事利索的好习惯，亮亮五岁时与他进行穿衣、穿袜子比赛。刚开始时，她故意让着他，让亮亮总是拿第一，并奖给他一些小礼物或零食什么的。可后来就不是这样了，一天，亮亮与妈妈比赛穿袜子，一连两次输掉后，一脸烦躁："哼、哼，怎么又输掉了？"

付彩霞启发道："亮亮，遇到失败了生气没有用啊，得找失败的原因，为什么这次又输了？找到原因后，再想办法解决，问题自然也就解了。"

"那、那、那我输在哪了呢？"

"来，妈妈和你一起看看袜子，为什么穿开了那么费劲呢？"付彩霞拿起袜子和亮亮的脚底一比，"亮亮你看！"

"妈呀，原来是袜子太小了，是妈妈故意刁难我。"亮亮恍然大悟。

亮亮连忙换了双大个的袜子比赛，赢了，小尖嘴笑开了花。亮亮拿到奖品后，开心地说道："妈妈，我知道了，以后什么事情做不好，一定不能急，要静下来找原因。"

还有一次，亮亮小姑从上海出差回来，给亮亮带了个礼物。亮亮接过礼物不屑地说道："我都多大了，还买这种玩具。"说完，当着姑姑的面就扔在了沙发上，弄得几个大人都非常尴尬。

付彩霞一脸严肃问道："知道你今天犯了什么错误吗？"

"这种玩具我就是不喜欢嘛！"亮亮嘟囔道。

"你今天犯了严重的错误，你好好反省一下，等你想明白了，认识到自己的错误了，再来告诉我。"

吃晚饭的时候，亮亮来到妈妈跟前，说他错了，错在不懂礼貌，不该把小姑送的礼物扔在一旁。

"那你为什么会犯这样的错误呢？"付彩霞问道。她看亮亮又一脸迷茫，提示道："要是你送给别人礼物，别人把你的礼物不当一回事扔在一旁，你会怎样？"

"我会生气。"

"那你扔小姑送给你的礼物呢？"

"噢，妈妈我知道了，我不知道这样会让小姑不高兴。"

当然，妈妈不只是对学龄前孩子较深层次错因要给予适当的提示，对于学龄后的孩子应视深度、广度及孩子的能力状态而定，看是否需要予以适当的提示。

如亮亮上五年级，在翻译一篇英语课文时，他不断地翻词典，可怎么翻译都感觉有些不通顺。便捧着课本让妈妈指点迷津。付彩霞看后漫不经心地说道："这是你熟悉的一个小寓言故事，相信你一定能够自己把错因找到并解决。"

"我已经分析好几遍了，要是自己能解决还来问你干吗？"

"你看看时态是不是搞清楚了？"付彩霞看亮亮已经实在没辙了便提示道。

亮亮又自己阅读了两遍课文，突然拍脑门兴奋道："哈，原来问题挡在这了，我把过去时动词译成形容词了。"

六、引导孩子分析错因的关键

大志上小学三年级后，邵蓉对大志作业中的较深层错因基本上都是启发孩子自己去分析寻找。

基本做法是，她先在错题或错字处打个问号，然后让大志去找错因，并改正过来。最后，她再回过头来检查一下大志更正的情况。错因是不是找对了？解决办法对不对？除非实在分析不清或分析不对，邵蓉才会给予适当提示。

为了进一步提高孩子的自查自纠能力，对于孩子分析不清或分析不对的错因，应该在什么时间给予适当提示也是有学问的。最初只要看孩子一脸懵懂，知道他分析不出来就开始给予提示，随着年级的提高，就要尽可能延迟，先让孩子去分析，实在分析不清或分析不出来时再给予提示。

邵蓉在这一点上做的也很到位。大志上小学六年级时的一个冬天，她像往常一样打开大志的作业本检查，发现老师在一道应用题上打了个叉。她往后翻，看大志已经改正了过来，可结果和原来的一样。唉，这是怎么回事？她又仔细核对了一下列式及运算过程，也没问题。难道是老师搞错了？邵蓉又看了一下书上的题，噢，原来错在这了。她连忙把正在看金庸武侠小说的大志叫过来，她不告诉大志具体错在哪了，而是让他自己找。大志也是把列式过程与运算过程各查了一遍，"没错啊！"

"没错，那老师为什么会打叉？"

大志又检查了一遍，"是啊，没错啊！"大志诧异道。

要是换成以前邵蓉早就给大志提示了。可此次她沉下心，尽量保持十二分的耐心："那难道是老师错了？不会吧。你再好好想想。"

大志一双大眼睛盯着作业本上的红叉叉，愣在那，一脸茫然，二十几分钟就这么过去了。"时间不早了，要不你再想想？"邵蓉还是耐着性子就是不提示他。

大志进卫生间开始刷牙，牙刷到半截处，他突然想了什么。大志放下牙刷，擦了把嘴，打开课本一对，"妈啊，原来是我把题抄错了！"大志兴奋道。大志脸也不洗，马上把错题改了过来。那晚大志特别开心。

邵蓉也很开心，她知道大志的自查自纠能力又上了一个台阶。

七、别替孩子想办法

妈妈引导孩子分析错因后，接下来还要启发孩子动脑筋想办法，以逐步培养孩子制定对策的能力。最终要让孩子自己能独立解决问题，而不是依赖父母或他人。这才是长久之计。

那么具体又该如何操作呢？

孩子制定有效对策的能力是在自己独立思考过程中逐步成熟起来的，不可能一步到位，所以在遇到问题后妈妈应首先尽量启发孩子开动脑筋想办法，千万不能代替孩子思考。

一天晶晶在小区广场上放风筝，由于操作不当风筝挂在了老槐树的树枝上，晶晶急得又跳又蹦，拼命地伸上手臂，想把风筝够下来。

庄明兰站在一旁观望，说道："你这样够风筝，别说够不着了，就是能够着，也把风筝给扯坏了。"

"那怎么办？不行就不要了。"晶晶沮丧道。

"怎么能不要了呢？才买的新风筝。再者，遇到一点困难就放弃，将一事无成。"庄明兰说道。

晶晶手指头点着嘴唇，看了妈妈一眼又看看树上的风筝说道："妈妈，你可以帮我够，你个子高，伸手就可以够着。"

是的，庄明兰只要踮踮脚，伸伸手轻易就能把风筝够下来，可她不想替晶晶完成，于是说道："嗯，这是一个不错的主意。那是不是除此而外就再

没有其他办法了呢？"

晶晶四处张望了一下看不远处停着一辆自行车，说道："还可以踩着自行车够。我踩在后座上，妈妈帮着扶自行车，我害怕摔下来。"

"嗯，晶晶到底是个有头脑的孩子，这个主意也不错。可这都要求人、靠人，能不能有一种不求人、不靠人，完全靠自己就能解决且简便的方法呢？"庄明兰启发道。

"那还有什么办法呢？"晶晶一边四处张望，一边寻思，突然脑子一闪，兴奋道："妈妈，有了！可以用咱家的晾衣杆够！"

"嗯，晶晶真聪明，这个办法好，即不求人不靠人，还操作起来简便！"

晶晶噔噔噔跑回家，取来晾衣杆，自己把风筝够了下来，整个过程庄明兰一直在袖手旁观。因为庄明兰非常清楚，从小培养孩子自己动脑制定有效对策的能力也同样重要，它关系到孩子一生的成败。因此，无论晶晶在生活学习中遇到什么问题，她都尽量启发孩子自己想解决办法。

八、这个时候需要妈妈的提示

当然，也应客观地看到，孩子毕竟还小，思维能力还很有限，在实在想不出办法的时候，还需要妈妈给予适当的提示。

宋诗诗在平时很注意引导文文动脑筋想办法。如有一天，她给文文讲《乌鸦喝水》的故事：

有一天，有个乌鸦好几天都没有喝水了，渴坏了。突然，乌鸦看见山上有一个亮晶晶的东西，呀！那是什么？乌鸦连忙飞过去，一看是一个瓶子，里面装着许多水。呀！有水喝了，乌鸦高兴极了，可接下来它便犯愁了，乌鸦飞到瓶子上面，发现里面只有半瓶水，它怎么也喝不到，这该咋办呀？

讲到这，她喝了口水，问文文："文文想想看，乌鸦怎么才能喝到瓶子里的水呢？"

文文眯缝着眼想了一会说道："让乌鸦的尖嘴伸到瓶子里喝不就行了。"

她也不着急回答，而是拿出一瓶矿泉水，倒出去一半，示范道："这怎么能行呢？你看这个矿泉水瓶，瓶口这么小，而且只有半瓶水，乌鸦的尖嘴又怎么能伸进去够着水呢？"

"是啊……"文文挠挠头，又眯缝着眼想了一会说道："把瓶子推倒！"

"什么，把瓶子推倒？咱们来试试。"宋诗诗说着把瓶子推倒，水撒了一地，"你看这水，乌鸦能喝上吗？"

文文摇摇头，一脸茫然。宋诗诗看文文实在想不出办法了，便把倒出去

的水又加回来，提示道："如果乌鸦把小石头放进瓶子里会怎么样呢？"说着爱人便把事先准备的小石子拿出来，拿起一个丢了进去。文文也拿起一个丢了进去，又一连丢了几个，"哎，妈妈，你看瓶子水面比刚才高了耶！"文文和妈妈一起往瓶子里丢石子，水面很快就上升到了瓶口。

"啊，这样乌鸦就可以喝水了，这个办法真好！"文文笑道。

文文上小学四年级时，班主任把班上一个叫小斌的男生安排与她同桌。小斌名字听起来文质彬彬，实际上是一个出了名的"坏小子"，专门欺负同桌女生，不是把人家的本子、书撕了，就是揪人家的头发，再不又说脏话骂人，动手打人，隔三岔五不是同桌女生告状，就是家长要求换座位，谁都不愿意跟他同桌。老师无奈只得安排小斌与文文同桌，文文是班上有了名的好脾气，人缘好，又是班干部，可以管管他。当然老师也是抱着一试的态度。

小斌被安排与文文同桌后，文文也感到很害怕，回到家便把这一情况告诉了妈妈。宋诗诗与文文一起分析了小斌爱欺负同桌女生的原因，原来是女生都讨厌和害怕小斌，都把他当成了"坏人"，小斌当然不愿意了，矛盾就这么产生了。

"那么又该怎么解决这一问题呢？"宋诗诗启发道。

"有什么办法？这么多同学都没办法，连老师和家长都没办法，也不知道批评过他多少次，还是老样子，我能有什么办法？"文文哭丧着脸道。

宋诗诗心想，这个看似简单的办法，其实有着很深奥的道理，一个小学生又怎么能明白了呢？于是便提示道："有一句名言说得非常好，你想让别人怎么对待你，你就要首先怎样对待别人！"

"是啊，你是希望小斌对你好呢，还是像对待其他同桌女生那样不好呢？"爸爸进一步提示道。

"我当然是想让他对我好了。我知道了，我首先应该对小斌好。"文文悟道。

于是文文决定用对待好朋友的方式对待小斌，她把小斌当成朋友，尊敬他。文文跟小斌说："许多女同学都把你当坏学生，我不这么认为，我认为你是个好学生！"

小斌第一次听到有人这么说他，一脸惊奇。"我没有跟你开玩笑，因为我觉得你爱看书，爱看书的学生都是好学生。"

小斌自然是一脸欢喜，对待文文的态度也随之来了个180° 大转变，经常问文文学习上的一些问题，文文都不厌其烦地给予解答。文文还把自己爱看的书给小斌看，两人就这么成了好朋友。

后来连班主任都感到好奇，小斌和哪个同桌女生都处不到一起，怎么与文文就能相安无事呢？

九、好习惯的养成需要这样训练

孩子犯错把事情做失败后，只是让孩子自觉认识到错因与自觉制定出对策还不够，这只是完成了事情的三分之二，最终还要把错误行为给调整过来，这样才可以收到举一反三的效果，也才能从根本上解决问题。

张洁当然知道这一点。小强从小有些急猴子的脾气，做起事来风风火火，同时也是毛毛糙糙，一笔字虽然在她的调教之下比以前写得工整多了，可受急猴子脾气的影响有时还是显得有些潦草。为了让小强的字能更上一个台阶，也是为了磨一下他的性子，张洁思谋再三，想让小强练字。在妈妈的赞美声中，小强对写字也有一些兴趣，于是便接受了妈妈的建议。

为了让小强练好字，张洁特意从图书大厦买来一套练字模具，卖模具的营业员告诉她，只要认真练习半年就能收到不错的效果。

小强于是便开始用这套模具练字，但由于只是照葫芦画瓢，练了一年多却没有多大长进。这到底是怎么回事，难道是模具有问题？显然不是，许多孩子都通过这套模具把字练好了。那是什么问题？

其实，虽然有了练字模具，知道了具体该怎么练字，具体该怎么操作。但仅凭这是不够的，还需要其他环节配套。

首先，没有让孩子认识到练一手好字所能带来的好处。人的本性都是趋利避害的，这样小强自觉练字的动力就会不足，许多情况下只是应付差事。这又怎么能练好字呢？

再者，没有制订详细的训练计划。好的行为是在多次重复中养成的习惯，小强只是想起来练一练，这当然也不可能练好字了。

张洁认识到自己的问题后，通过讨论，让小强认识到字练了这么长时间没有多大长进的原因，并告诉他，字就像人要穿着整齐干净一样是人的门面，同时在考试中书写整齐，还能得印象分。练字还能提高个人的修养。

"妈呀，没想到练字有这么多好处，我一定要好好练字！"小强练字的劲头一下子上来了。

不仅如此，张洁还和小强一起商定了每天练一篇的练字计划，使练字计划落实到了每一天。每天她连同作业一起检查，小强自然是自觉遵守。就这么三个月下来，小强的字便开始有了大的起色。

有了这次经验后，张洁以后遇到需要对小强的行为进行训练的，都如法炮制。

如小强上初二时，由于急猴子脾气有一段时间特别粗心，每次考试下来都会因一些简单的运算及步骤问题上出错。刚开始张洁也没有太在意，只是在每次考试前提醒他要细心，可每次考试下来老毛病还是照犯。这时张洁才感到了问题的严重性，要是这样下去成绩起伏不定，考一中很难有把握。这该如何是好？

这时张洁又想到了行为训练计划。首先她通过商讨让小强自觉认识到细心的重要性和粗心的危害，每次考试下来，数学、物理因计算失误就高达二三十分，这是导致他成绩大起大落的根源，有时进入前几名，有时又掉到二三十名开外。

在引起小强的高度重视后，张洁又与小强商定具体的操作方案，每天为他出一道非常复杂的四则运算题，让他算。并一起商定了训练计划：每天做一道，训练一个月，然后视情况看是否需要继续训练。

由于认识到了运算细心的重要性及紧迫性，小强自然是积极响应，每天做一道复杂的四则运算题，算错了就重算，直到算对了为止。就这么一个月下来小强就养成了做题运算心细的好习惯，考试成绩也随之稳居前茅。

十、斯特娜夫人让女儿流泪的真正用意

有一次美国著名家庭教育专家斯特娜夫人的女儿到朋友家去玩，和她约定好了十二点半以前一定回来，可是女儿晚回来了半个多小时。面对这种情况斯特娜夫人什么也没有说，只是指了一下表，女儿连忙向她道歉。吃完饭连忙换衣服，要赶着去看戏，这时她又让女儿看看表跟女儿说："今天由于时间来不及了，戏是看不成了。"女儿于是伤心地流下了眼泪。斯特娜夫人让女儿为自己的过失承担后果。

对于中国妈妈，孩子犯错后，由于心疼孩子，害怕孩子遭罪，都是尽可能替孩子承担，甚至是庇护孩子，而斯特娜夫人却反其道而行之，那么她的真正用意又是什么呢？

斯特娜夫人这么做可以让孩子直接亲身感受到自身错误行为所造成的不良后果。人的本能都是趋利避害的，孩子也是一样，让孩子自己承担后果，尝到苦头，下次不用妈妈说自己就会规避，用正确的方式去做事。正如捷克教育家夸美纽斯所言："犯了错误的人应该承担后果，让他们承担后果可以更好地让他们不再犯。"

有了这次教训，斯特娜夫人的女儿很快就自觉纠正了不守时的坏毛病。

许多中国妈妈由于没有认识到这一点，替孩子承担责任，或庇护孩子，就让孩子无法直接亲身感受到自身错误行为所造成的不良后果，这就等于是纵容孩子的错误行为，让孩子对错误行为有恃无恐。

再者，让孩子承担错误行为所造成的不良后果，可以避免妈妈对孩子错误行为惩罚所造成的种种不良后果。如会伤了孩子的自尊心、自信心，损伤亲子关系，对孩子的身体造成伤害等。

表弟媳也很善于用此法，在圆圆很小的时候就与其商定：以后自己做错的事情自己全面承担后果。

圆圆小的时候就像许多孩子一样也不好好吃饭，一段时间由于贪吃零食，到吃正餐的时候又吃不下去了，吃一点点就饱了。为此，表弟媳把家里的零食都断掉了，并与圆圆商定两餐之间任何人都不得吃零食。

有一天，圆圆吃晚饭的时候又吃了一点点就不想吃了，说吃饱了。表弟媳问圆圆："怎么吃这一点就不吃了，是不是又吃零食了？"她知道冰箱里仅剩的两块点心已经进了圆圆肚子了。

圆圆摇头否认。

"零食是填不饱肚子的，过一会儿就会饿。你现在要是不吃饱，晚上肚子饿了可没饭吃。"表弟媳晓以利害道。

"没饭吃就没饭吃，反正我现在吃不下去。"

表弟媳和爱人对视了一下，心想该是让他承担后果的时候了，于是把当晚的剩饭剩菜都清理掉了。到了晚上八点钟，圆圆就开始喊饿，要吃点心。

"那饿又有什么办法呢？家里没有点心，你只能忍着点了。"表弟媳说道。

圆圆打开冰箱看了看，空空如也，只得撅着嘴悻悻然离开。

到了九点半的时候，圆圆又来了："妈妈我饿，能不能把剩饭热热我吃。"

"过夜的饭菜吃了对身体不好，已经给清理掉了。你只有忍着点，等明早吃早饭了。"表弟媳说道。

这下圆圆不干了："你们要成心饿死我呀！"说完哭闹了起来。

"你哭也没用，越哭越饿。所以说吃饭的时候一定要吃饱，这样才不饿肚子。"

那晚，不管圆圆怎么闹，怎么缠，表弟媳都坚持一条，让孩子承担自身错误行为的后果。爱人在中间几次动摇，会不会把孩子饿坏了，要是把胃饿出毛病了怎么办？

表弟媳回答："一顿饭少吃一些饿不坏，况且他饭前已经偷吃了两块点心。圆圆现在更多感觉到的是心理饥饿。"

她和爱人就这么坚持着，一直到第二天早上才让圆圆吃饭。那顿早饭，圆圆吃得小肚子都鼓起来了。从那以后，圆圆每次吃饭不用喊，都能吃得饱饱的。

当然，这条规矩也不只限于吃饭。

圆圆五岁时，表弟媳和表弟带圆圆到欢乐园游玩。圆圆喜欢玩碰碰车、小火车、飞船、旋转木马。爱人就一次性地把四张票都买上了，然后交到圆圆手上，嘱咐让他保管好，进门的时候交给检票人员，要是丢了就玩不成了。圆圆小心翼翼地放进自己的上衣口袋中。

先玩碰碰车，接下来坐小火车，可到坐飞船的时候，票找不到了，圆圆急忙翻遍所有的口袋，没有，票丢了。"这咋办，玩不成飞船和旋转木马了？"圆圆急得几乎要哭了出来。

"宝贝，别哭，爸爸给你……"表弟刚把话到一半，便被表弟媳拉到一边，讲明了要让孩子承担后果的道理。

"可是孩子这么伤心，况且来玩一次也不容易。"表弟实在有些不忍。

"这是小事，让孩子从小养成对自己的错误行为负责任的习惯才是大事。否则，我们做父母的就是在纵容孩子犯错。"表弟媳解释道。

那次，圆圆也哭了好一阵子，可最终他只能为自己的不小心承担后果。有了这次教训后，每次带圆圆游玩，有些票需要他保管时，他都会很小心地放好，还让妈妈用别针把口袋别好。

又如圆圆上初中时，表弟媳花120块钱给圆圆买了一块手表，款式很独特，圆圆很喜欢。可没带一个星期就丢了。原来是他在操场上和同学踢足球时，感觉戴着表不舒服，便把表摘下来连同衣服放在场外草坪上，踢完球拿衣服时发现表不见了。

　　圆圆回到家中谈到此事时既懊悔又心疼，可他知道他只能自己吞咽这颗苦果，以后多加小心才是。于是圆圆只得从自己的压岁钱中提取了120块钱又买了一块新表，这块表一直戴到他上北大。

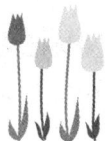

十一、孩子屡教不改的最佳解决方案

同事小赵的儿子四岁半时就开始说谎。玩具丢了，他会说是小朋友抢走了。在幼儿园，儿子跟小朋友打架，明明是他先招惹别人，他却一口咬定是小朋友先欺负他。儿子玩的时候不小心把裤子刮破了，他却说是小朋友弄破的。他到超市，看上了某个玩具，他会说："妈妈，爸爸让你给我买这个玩具！"

儿子每次说谎的时候，看不出有一丁点说谎者心虚的表现，就像真的一样，由不得她不信，可每次核实下来都是儿子在说谎。这小子怎么从小就骗人，而且骗起人来面不改色心不跳，这让她苦恼了很长一段时间。

我告诉她，孩子一般从三岁就开始撒谎，每个孩子都一样，没什么可大惊小怪的。这个时候孩子脑海中开始产生许多不切合实际的天真幻想，这样孩子为达成愿望或规避风险时，有时很自然地就会把天真的想法与所要实现的目标结合起来，就开始"骗"，而且一脸千真万确的样子，因为他们根本不知道这是在"骗"。如儿子在超市看上了某个玩具，怕妈妈不买，所以才信口编出了那个谎言。

"那为什么儿子的谎言大量都集中在逃避风险上呢？"小赵问道。

我和她一起分析，这首先是人的本能反应，在做错事后本能性地就想逃避惩罚。再者，是孩子犯错后父母责罚造成的。显然这与儿子犯错后她总是批评指责孩子有关。三者，是对孩子的诚信教育缺失，儿子四岁半之前小赵几乎没有给他讲过诚信方面的故事，在儿子的小脑袋中自然也就没有撒谎的耻辱观。

找到问题的症结后，那么接下来对症下药就容易了。

首先应对儿子不眨眼的撒谎行为给予相对的尊重和理解。再者，孩子犯错以后她不能再批评指责给孩子施加压力了，要对孩子的不成熟行为给予相对的尊重和理解。三者，加强诚信教育，树立撒谎不是好孩子的耻辱观，让孩子自觉认识到说谎的错误及危害。如她儿子讲了皮皮鲁撒谎鼻子会变长的故事。儿子就这么有了自觉改正说谎行为的动力，一年下来便收到了明显的效果。

邵蓉也是这样。

有一次，她和爱人带大志去看爷爷奶奶，公交车上，一个中年人在上车经过大志座位时不小心打了个大喷嚏，大志抹了把脸说道："伯伯，你这怎么一上车就既刮风又下雨呢？"弄得周围的乘客哄然大笑。中年人一脸尴尬，笑道："童言无忌，童言无忌，伯伯向你道歉。"大志一脸得意。这是有一次大志对着妈妈的脸打喷嚏，妈妈曾经说过的一句话。

更让她难堪的是，在一次家庭聚餐会上，大志当众讲起了她和爱人的性生活，惹得同事一个个把饭都笑喷了，她恨不能找个地缝钻进去。

一开始邵蓉并没太在意，可大志一而再再而三地犯忌，这引起了她的深思。是不是自己教育孩子的方式出现了问题呢？

常言道"童言无忌"，这是由于孩子还小，成人对孩子说话无所顾忌及不注意场合的一种相对尊重和理解。这是有一定道理的。可难道孩子的言行真的就可以无所顾忌了吗？显然不能，父母应在相对尊重的基础上给予正确的引导才是，以让孩子的言行逐步得体起来。她显然是在传统观念的影响下，忽视了后者。再者，没有用适当的方式让孩子认识到自己的错误言行，这等于是对孩子不成熟言行的纵容，这才使得大志在公众场合下说话越来越无忌的深层原因。

找到原因后，相应的对策自然也就有了。

　　如有一次，大志指着一个阿姨从菜市场买的土黄色的小灌肠说："妈妈，你看这些小肠子就像我拉出来的巴巴一样。"

　　邵蓉虽然感到不快，但用引导孩子换位思考的方式问道："要是你买的肠子，别人这么说，你是什么感觉？"

　　"我会感到恶心。妈妈我错了……"大志自觉地认识到了自己的错误。

　　从此以后，大志便开始逐渐有所收敛。

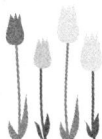

十二、妈妈错了，是不是要向孩子低头"认罪"？

妈妈在教子实践中由于判断失误错怪孩子，也可能会因情绪化用事、教子方式不当等伤害到孩子，那么当出现这种情况妈妈又该如何办呢？

我班上有一个叫金浩的男生，学习成绩一直不错，可在一段时间精神萎靡，上课打瞌睡，还时常与同学闹矛盾，几次测验成绩大幅下滑。我连忙找金浩谈心，原来他近来跟妈妈闹情绪。原因是，不久前他想买一双运动鞋，妈妈没有答应，第二天妈妈发现钱包里少了200元钱，便一口咬定是他偷了。其实他根本就没动妈妈的钱包，便坚决否认，并发现了争吵。

后来，他才知道是爸爸因临时急用，从妈妈口袋里拿的。可妈妈错怪了人，却装着没事人似的，至今还没向他道歉，这让他感到非常窝火。

而且这不是第一次了。上小学的时候，有一次家里的小猫爬上餐桌把碗碰到了地上，他去收拾，正好妈妈进来，就一口咬定是他所为，并不停地责怪他。他把小猫抱过来，让妈妈看爪子上的菜汤，可妈妈就是死活不认。

上初一时，有一天老师补课，他回家迟了，进门劈头盖脸就被妈妈一顿臭骂，金浩说不信可以打电话问老师，并把老师的电话告诉了妈妈，这下妈妈哑巴了，可还是死活不认账，不道歉。

看着金浩离开的背影，我心想，为什么许多父母都会犯这样的错误呢？

首先还是家长制的心理在作怪，认为父母向孩子认错，就像上级给下级认错，长辈给晚报认错，会有失尊严，拉不下面子。这是许多父母、上级、长辈明明知道自己错了还死不认错的首要原因。说透了这是家长意识在作怪。

再者，害怕有损家长的权威，以后在管教孩子时说话不响。

三者，还没有认识到这样将会造成的不良后果。

一则，既然不认错，就要文过饰非，设法掩盖自己的错误，这样就会误导孩子，让孩子是非不分。

二则，孩子心中的委屈由于得不到平复会心生怨气，经常如此会严重伤害亲子关系，并影响到孩子的生活、学习。

三则，这还会给孩子做一个非常坏的榜样。

那么具体又该如何解决这一难题呢？

首先要放弃错误的教子观念，与孩子平等相待，尊重孩子的独立人格，认识到这么做的至关重要性。

再者，错就是错，应通过主动向孩子承认错误去赢得孩子的谅解和尊重。

三者，应认识到死不认错将会造成的不良后果，避免因小失大。

妈妈只有做好这三点，才能从根本上解决这一问题。

第二天，我约金浩妈妈来学校，做了一次深谈。金浩妈妈回去后，主动向孩子认了错，金浩的情绪才开始有所好转，学习的劲头很快又上来了。

十三、妈妈犯错这样改正最得当

一次，张洁和爱人带小强到酒店吃饭，席间她带小强观赏窗边的盆花，看见花盆里放有五颜六色的玻璃球，小强很是喜欢，张洁便从里面拿了几个让小强玩。回家的路上，爱人见小强在把玩玻璃球，便问是哪来的。当得知是从酒店花盆里拿的时，便毫不客气地指出："那这和偷又有什么两样呢？"

小强听说是偷的，立马像触电似的，一把将玻璃球扔到了妈妈怀中："这，这是偷的东西，我不要！"

张洁的脸立马火辣辣的，本能地辩解道："不就是几个玻璃球嘛，有什么大不了的？"

"妈妈，你不是以前经常说我拿人家的东西要跟人家打招呼吗，不然就是偷。"小强说道。

"怎么，好心拿几个玻璃球让你玩，你还教训起我来了？"张洁训斥道。

小强见妈妈生气了，撅着小嘴不吭声了，一脸不服气的样子。张洁立马觉得不对，明明是自己的错，又怎么能死不认错呢？于是她连忙转换口气对小强说道："这是妈妈的不对，拿人家的东西不打招呼这跟偷没什么两样。刚才还发脾气训你，就更不对了。妈妈向你道歉，你能原谅妈妈吗？"

小强点点头，脸上立即泛起了笑意。

"那拿的玻璃球该怎么办呢？"爱人问道。

"下次吃饭的时候顺带还回去不就得了。"

"不行，必须马上还回去，还要向人家道歉！"小强坚持道。

张洁和爱人对视了一下，都笑了，"好吧，知道错了，就应马上改正！向小强同志学习！"

于是张洁一家三口又打车返回酒店。从酒店大门出来，小强小嘴笑开了花，像完成了一个壮举似地郑重地对妈妈说道："你这才是我的好妈妈！"

张洁也对这次能及时向孩子承认错误并改正错误很满意。

小强上高二时，一天张洁在整理小强的书桌时，无意中看到小强的日记，发现小强正在暗恋班上一个女生，而又不知如何表白，正在为情所困。这还了得，马上就要上高三迎接高考了，许多高中生因早恋在高考的路上折戟沉沙。于是张洁便急不可耐地给小强写了一封信，说她无意中看了他的日记，对他现在的心情表示理解，并摆明了中学生早恋的危害，现在还不是时候。

第二天就像中了邪似的，张洁又急不可耐地偷看小强的日记。只见小强在日记中留言道："妈妈，你一直是我尊敬的好妈妈，可我没有想到你会偷看我的日记。难道儿子在母亲面前就不能有一点隐私吗？"

张洁看到小强的留言后，立刻感到羞愧难当，无地自容，身为一个母亲，一个受过高等教育的人，难道连尊重孩子隐私最起码的操守都没有吗？

于是，张洁痛下决心再也不偷看儿子的日记了。为了表示自己的诚意，她第二天专程给小强买了一本精致的带密码锁的日记本和一支钢笔，晚饭前她亲手将它们交到小强手上，说道："小强，妈妈已经知道错了，妈妈不能以任何理由侵犯孩子的隐私权。这是我给你买的带密码的日记本，你以后可以把你的心事写在这上面！"

小强的表情有些不自然，他的隐私必然让别人知道了。但他还是接受了妈妈的礼物，以表示他的谅解之意。

此后经过几次坦诚的交谈，小强便从早恋的迷云中走了出来。